生命全部的荣耀和耻辱都来自政治。

——阿伦特

# 阿伦特：政治的本原

# Hannah Arendt
## An Original of Politics

张念——著

南京大学出版社

# 目录

前言 / *001*

第一章 "平庸之恶"的难题 / *009*

　　一　罪恶与不法 / *009*

　　二　我愿,但我不能 / *022*

　　三　没有判断就没有责任 / *038*

第二章　政治废墟上的考古学 / *051*

　　一　逃避政治与逃避灾难 / *051*

　　二　作为范例的城邦 / *077*

## 第三章　公共领域中的私人面具 / 101

一　现代"技艺人" / 101

二　现代"局外人" / 132

## 第四章　感性判断的政治赋形 / 156

一　想象力和反思性 / 156

二　作为义务的共通感 / 178

**附录　世界剧场的执着肯定者 / 202**

**后记 / 241**

# 前言

本书主要针对阿伦特政治思想中最具争议性,同时也最能和当代社会展开对话的几个理论难点展开,包括:(1) 政治学和政治的本原,(2) 身份问题的政治理解和责任担当,(3) 社会性兴起与政治感陨落,(4)"世界性"和"公共性"的缺席,(5) 康德第三批判的政治性解读。其中最富争议性的内容涉及 20 世纪独特而重大的历史经验,包括两次世界大战、全权主义(totalitarianism)、帝国主义、犹太问题以及文化社会运动。这些经验同样裹拥着 20 世纪最具智慧的头脑,因而在 20 世纪不单单是物理学,还包括哲学,它们的面貌都发生了根本性的转变。相应地,就方法论而言,阿伦特的学历背景决定了她潜在的现象学和存在论方法,尤其是康德和现象学之间的对话。但这位风格独特的思想家,其著作也好,思考的范围也好,几乎很难以学术学科标准予以界定,因为学术恰恰是处在"世界"之外的"学园"。她践行"重新定向"的现象学宗旨,引发了无数争议,同时获得了"世界"给予她的极高声望。声望不是浮名,恰恰说明她的思考方向和碰触的问题击中了这个世界最敏感的神经,并及时地针对困局、苦难、灾难、恐惧、不安以及绝望,在某种意义上担保了哲学的尊严和信心。基于这种本真的哲学能力而不是学科方法,这位"深海采珠人"就严格意义上说,既非政治学学者,也非职业哲学家,更不是一般意义上的政治哲学学者,但她是最优秀的政治哲学学者最常引用且最愿意与其展开对话的作家。

本书正是以"争议"为背景,以多维"对话"——阿伦特的古典对话者和当代对话者,以及本书作者和阿伦特的对话——为引线,以现象学进路去"悬搁"地侦查阿伦特文本及其思想图谱的蛛丝马迹和疑难问题,并将文本置于其身处的周围世界,必要的地方会将其放在思想史脉络中考察哲学家们的概念创制及其斗争,尽量抽丝剥茧地呈现她富有理论价值的思想线团,尽力而为地发现其议题纷杂背后的逻辑性和贯通性。

但愿这本小书能够承担这样的任务,这也是问题推演的基座:首先,人们最常赋予阿伦特的几乎到了滥用程度的一个词,即"原创性"——原创了什么,如何原创的? 其次,尽力清理一些关键性的也是普遍的误解,这是一个很现代的问题:阿伦特的政治立场是什么,她是古典主义者吗? 再次,她属于现代性批判这个训练有素的(well-disciplined)庞大阵营吗,她认同雅典和耶路撒冷之争吗?

本书从阿伦特那怪异但又经过深思熟虑的生僻用语出发。一般阿伦特研究很少注意她的"开启"(arche),将更多的焦点放在她的政治行动理论上,而忽略了她严格区分政治学和政治本原的初衷(如早期的文献《政治入门》,1950年)。目前最具权威性的研究者依然是学者玛格丽特·卡诺凡,她提纲挈领、内容全面的导读性著作《阿伦特政治思想再释》影响深远,但对阿伦特思想的哲学根基以及抗辩性的思想风格未做探究,当然这也不是导读性著作的任务。本书锁定阿伦特给政治的定向:言说(logos)和积极生活(vita activa,也译作行动),以政治本原为逻辑起点,去深究其下的思想矿脉和层级。

就所能检索到的阿伦特研究资料而言,在英语和汉语学界,前者侧重在现代政治学学科框架之内,从政治学关键术语——比如宪制、议会、公民权、人权等的限定出发,去探析阿伦特思想的价值与不足,扩展这些既有术语和思想工具的界限。汉语学界的阿伦特研究相对冷僻,尽管她拥有众多的汉语读者。专著类研究尤其较少,但可贵的是有从现象学角度予以研究的;另外值得一提的是陈伟教授的《阿伦特和政治的复归》,该书基本用意在于通过对阿伦特的思想内容、方法和渊源的解读,试图析取出纯粹政治学的基本元素。论文类研究大多集中在对"公共空间"的探讨上。为何以专著形式呈现的阿伦特研究甚少?这恰恰是因为研究对象本身缺乏系统性和严格意义上的学术路径,其涉及的范围包括政治学、法学、史学和文学等。阿伦特很少针对核心概念进行系统而严密的演绎和推论,或安全地处在既有的研究传统之中,以此获得一个明确结论。

为了克服这些障碍,本书的做法是,首先明确阿伦特关于政治概念的重新定位,即言说(logos)和行动(vita activa),一个希腊词,一个拉丁词,都在明显地违逆现代头脑中自以为是并被普遍接受了的政治术语及政治常识。这是相当冒险的举动，但这两个生僻的词，几乎是阿伦特整个思想的鲜活枢纽，运载、承纳并激活了古希腊、罗马、中世纪的思想资源。同时，本书以此为火力点，锚定现代政治经验的功与过，从而揭示阿伦特批判性工作的思想来源，尤其对此的创造性发挥，回应了最为普遍的质疑，包括她的方法、风格和有效性。另外，本书进一步回答了阿伦特为何在现代政治知识和现代政治学之外开拓思想疆域，围绕"城邦"（第二章第二节），贯穿起她和同时代另外两位优异的思想家沃格林和列奥·施特劳斯潜在的和明显的对话与争论，以及阿伦特对柏拉图和亚里士多德的新颖解读，淬炼出阿伦特意义上的"*polis*"有何独特价值，并回应当下学界关于古典思想的积极讨论与关注，再回溯性地建构起与阿伦特的政治对话。

在予"政治"以重新定向的基础上，本书试图解决的另一个难题是：政治地理解并担当起政治人的身份责任。阿伦特超越了传统的自然和文化的二分法，也拒绝亚里士多德"政治动物"的说法，甚至包括更为现代的政治领域中的左右立场，深化了对"犹太身份"问题的理解。这是阿伦特有关现代性思考的卯榫，本书强调其区别于社会批判理论（法兰克福学派）、社会主义理论（马克思）和社会运动（1960年代）中的身份政治（identity politics）。阿伦特的思考和写作同样在践行她的"政治判断"责任，置身最激烈的冷战时代，她反而跳出意识形态之争，诊断美国政府的问题在于用国际政治和僵硬的意识形态思维取代了政治判断。

这部分的内容，除了一般研究所依循的《反犹主义》和《帝国主义》文本之外，主要以阿伦特的《犹太写作》(*The Jewish Writing*)这部长达500多页、跨度40多年的文献为基础。这份珍贵文献出版于2007年，由于公开时间较晚，较少受到研究者的关注。她摆脱了一般的宗教和历史视角，巧妙地运用苏格拉底著名的辩诘法进行严苛的自我检省。她将现代犹太经验，包括她自己所参与的犹太政治活动经验置入现代欧洲的政治风浪之中，观察公民、种族和文化身份究竟因何受到多重摧毁，并从亲身经历的犹太政治运动中孕育她卓越的"行动思想"。本书第三章第二节提炼出阿伦特在《犹太写作》中经常使用的"局外人"(pariah，也有贱民、边缘人的意思)概念，辩证地思考身份"同化"与文化"差异"，以及身体实存在政治现象和政治生活中隐秘而又尖锐的影响力。在必要的地方，本书运用了作者所熟悉的精神分析方法，来回应最难理解的一个阿伦特式的结论：全权主义和资本主义制造出"多余的人"，与犹太人自身所习惯的政治"局外人"位置有何关联。解开这个纽结，就能更深入地窥探阿伦特对政治概念重新定向的必要性和必然性，以及她为何处心积虑地严格区分政治和政治学、政治和知性(understanding)、政治和哲学、政治和道德等问题。

19世纪末，社会学成为人文学科的显学，阿伦特从政治的视阈反戈一击，将社会性(the social)看作吞噬生命的怪物，这让所有受过现代学术训练的学者目瞪口呆。"政治消亡"的现代结论我们并不陌生，这恰恰是政治哲学复兴的背景，但阿伦特和其同时代政治思想家不同的是，她探究"社会兴起"并不是要为"社会"辩护，而是为了探究人类行为的属性:"社会"从含义丰富的形容词转化为单一名词集合,其意义占取和定位所带来的种种问题。一方面,批判须紧扣现象学基本术语"生活世界";另一方面,她经由"技艺人"(homo faber)这个希腊词(本书第三章第一节),将制(making)与做(doing)区分开来。制作(poiesis)作为"理型"形而上学的延续,成为现代意义上的建制主义——在此阿伦特呼应马克斯·韦伯——使得"社会"成为一股巨大的吞噬性力量。美国著名政治学者皮特金解读了阿伦特的"社会"概念,称之为"食人怪兽"(blob)。

以此为前提,本书首先展开她的公共幸福和私人幸福的抗辩(《论革命》),其次在逻辑上经由现象学术语"inter-subject"和"co-subject",推演出"与他人为伴"的政治言说和行动空间,彼此既能避免相互倾轧和麇集,又能共处于一个"居间"(in-between,一般翻译为"中间位置")的场域,她试图用这个区间来反省和批判"社会网络"(web of socialship)。这个抽象而巨型的网络,如今正被模拟为电子网络空间,尽管内涵上有所区别。本书在此逻辑理路上,补充了阿伦特所欠缺的政治经济学背景,这包括对亚当·斯密、边沁、米塞斯和德国当代国民经济学者索恩-雷特尔的分析、评价和判断,为阿伦特独辟蹊径的社会批判助力。

被政治经济学所主导的社会领域,使得政治成了经济的影子剧场,遮蔽了"世界性"和"公共性",因此有必要从阿伦特纷繁杂陈的思想丛林中,依据这两个概念性路标,找出她真正的哲学伙伴和对话者,除了海德格尔,还包括一般研究很少注意的克尔凯郭尔、尼采、黑格尔、马克思、胡塞尔、梅洛-庞蒂和卡尔·施米特。其实,他们同处于存在主义和现象学场域,经由阿伦特鲜明地一以贯之地坚持的政治思考,将存在主义者的无畏之勇对照荷马的英雄,让梅洛-庞蒂的身体知觉契合生命实存的"政治感",把施米特的决断论从现代主权法理批判中交还给诸个体的判断力,否则政治荒漠中的流沙或政治机器上的零件,就会成为灾难的制造者和承受者而不自知。诸个体的先验想象力所营造的"审美状态"中的共通感,具有康德形式意义上以及胡塞尔层面的感觉逻辑的确凿性,阿伦特还添加了一条——可交流性,并通过可交流性来生发在康德那里受到启蒙逻辑限制的"阅读的公共性"。也就是说,在阿伦特的"世界性"和"公共性"两个关键术语背后站着胡塞尔和康德,她则对其予以富有创造性的发挥和推进,精微深湛。

关于康德第三批判的政治阅读,有评论者称,若不是天命所致,阿伦特关于第三批判的解读(目前仅存讲稿)将会是她政治思想的巅峰之作。希望本书最后一章能借对《康德政治哲学讲稿》和第三批判文本的细读,参与阿伦特这项未竟的事业,尤其从她敏锐提炼出的"想象力"和政治的关系路径可以推论,她一定会涉及第三批判的"崇高分析"的章节,而这个议题几乎是阿伦特研究的盲区。一般研究认为阿伦特晚年转向哲学,这个结论有待商榷。她和逃离"世界"的"哲学"抗争了一生,"转向哲学"是对思想家不负责任的裁断。

阿伦特晚期的心智三部曲依然回旋着"政治思考"的主题旋律,她把"思维""意志""判断力"置于政治—世界的风暴中心,心智活动是挽救灾难的政治实践，或用她喜欢引用的卡夫卡的说法：练习战斗，即实现了的理论。没有这个做准备，行动不但脆弱而且盲目。第四章从想象力、反思性和审美判断的政治赋形这三个角度切入，去回应理论和实践的鸿沟如何在人们的政治生活中得到恰当的融合。总之，要负责任地去做判断，而不是运用判断。因为毕竟，用阿伦特的话说：生命的全部荣耀和屈辱都来自政治。

# 第一章 "平庸之恶"的难题

## 一 罪恶与不法

关于汉娜·阿伦特这位独特的政治哲学家,汉语读者最为熟悉的可能就是"平庸之恶"(the banality of evil)[1]的说法——这个说法出自1963年出版的《耶路撒冷的艾希曼——关于恶的平庸的报告》。但是,这份在当年引起轩然大波的报告里,并没有明确论述这个提法的实质性含义,甚至在阿伦特的著述中,也找不到有关"平庸"与"恶"

---

[1] 按字面,banality还有乏味、肤浅、刻板的意思,应该是恶的平庸性,据阿伦特著作的中文译者孙传钊先生介绍,"平庸之恶"的译法见于学者徐贲《平庸的邪恶》一文;台湾学者蔡英文将此译为"罪恶的浮浅性",可能更切合阿伦特的原意,更紧扣思考习惯及思考能力,关乎人的心智生活。可参见孙传钊编:《耶路撒冷的艾希曼——伦理的现代困境》,吉林人民出版社,2003年,1页;汉娜·阿伦特:《反抗"平庸之恶"》,上海人民出版社,2014年,蔡英文的中文版导读。

之间关联性的论证，或者对于这两个概念的明确界定。作为一位思维严谨、尊重概念明确性的哲学家，面对纳粹大屠杀的具体执行者艾希曼以及这桩似乎超出理性思维的历史事件，使用"恶的平庸性"这样有待分析的副题显然缺乏阐释力。

## 1 "恶"是可思的吗

正是这份报告，将一位自称不喜欢当公众人物的思想家推到了沸腾的公众情绪之中，人们的第一反应就是"恶的平庸性"有为纳粹辩护之嫌。被引用最多的就是这份报告的结语部分，在此，阿伦特质疑耶路撒冷审判的合法性问题，这包括：反人类罪的立法根据是什么？反犹太与反人类的逻辑关联是什么？以色列法庭能代表全人类宣判反人类罪吗？在漫长的排犹历史中，歧视、驱逐、屠杀在这场终极审判中，缺乏审慎的区分。不是从艾希曼做了什么，而是从犹太人遭受了什么出发，结果这次审判建构起了一种超出国家司法权限的受害者逻辑，法庭变为展示惨剧的舞台，不仅使程序正义蒙羞，其效果也成了以国家司法名义所实施的一场前政治的复仇行动。如果说在现有的国际法与司法概念框架内，这场审判充满疑点与困难，那么就应该在法律范畴之外重新寻找思考的方向。阿伦特更关心的是"大屠杀"这种罪恶的性质是什么，其根源在何处；与人类历史上所有的屠戮行为相比，其特点又是什么？阿伦特广为人知的结论就是"恶的平庸性"，她认为辩方仅仅将艾希曼当作官僚机器上的齿轮是不够的；首先应该将他当作人，在这样的前提下，作为人所犯下的罪行才能受到思考，更何况被告席上坐着的并不是叫作全权主义官僚机器的某个零件，而一定是某个人。阿伦特在这份报告的结语中写道："我想如果是我的书的副标题，正是引起真正争论的原因的话，那也是一件好事。我是在专门的、严密的事实层面上，触及审判中无论谁的眼睛都不能不回避的某种不可思议的事实时，提出'恶的平庸'这一概念的。"[1]

这里的问题就变成了：恶是"可思"的吗？[2] 阿伦特是在她老师海德格尔的意义上使用这个词，因为根据柏拉图的传统，能够被理解的也一定能够被表征，思考的对象早已被限定，区别于理性主义的主客观二元性；阿伦特更关注可思性，即能够被思考的条件，以及作为现象的思考本身，思考并不包含确定性的理解之意。作恶之人的道德缺陷究竟和什么相关？如果不援引宗教，那么在理性主义的范畴内如何思考恶，或者说如何以理性的方式，在道德哲学层面来探讨这桩不同于一般刑事犯罪的罪行？再者，理性该如何回答宽恕与这场充满司法漏洞的审判之间的界线？阿伦特为自己设下的这个理论难题，已经涉及理性主义自身的局限了。正如阿伦特的一位读者提出的问题：如果审判席上坐着的是戈培尔呢？恶怎么会是平庸的呢？

---

[1] 《耶路撒冷的艾希曼——伦理的现代困境》，54 页。
[2] 阿伦特是在她老师海德格尔的意义上使用这个词，根据柏拉图的传统，能够被理解的也一定能够被表象，就是说思考的对象早已设定好了，区别于现代哲学的主客体二元。因而阿伦特所关注的是可思性，即能够被思考的条件，以及作为现象的思考活动本身，这里说的"thinking"并不包含确定性的理解之意。

雅斯贝尔斯在给阿伦特的信中也保留了这样的疑问。[1] 如果"恶"不在司法惩治的具体罪行之内，同时又无法在形而上的层面对其予以思考，那么面对现代政治的伦理困境，无论怎样，我们都无法回避康德所谈论的"人性恶的起源"：一个是宗教层面的，即人生而有罪；另一个就是道德理性的悖论，恰恰由于法则的确立，遵循与破坏的行为才有可能产生。由此康德感叹道：人不是恶魔，但人性的脆弱与不纯粹会让人趋向于恶。现代之后，神性退场，自由被放在道德个体的手中，即人为自己立法，对此，除了道德律的逻辑自洽之外，有关善与恶的经验性内容，不在康德考虑的范围之内。

2013年公映的传记片《汉娜·阿伦特》，让我们有幸获得关于艾希曼审判争论的视觉印象。有个场景值得深究：坐在玻璃罩子里的艾希曼，正好患上感冒，不停地拿纸巾擦拭鼻涕，庭外是看着视讯转播的阿伦特，她的表情从不屑到嘲讽式的冷笑，随后不耐烦地离开，跑到房间外抽烟。对此，我的疑问是艾希曼是可笑的吗？阿伦特的反应不像一位记者，她极度蔑视她的报道对象，这蔑视是为了维护自尊吗？她当时有一种犹太身份的自觉吗？她的不屑与其犹太同胞那强烈的悲愤在何种意义上是等值的？但这岂不恰恰是阿伦特的报告中极力要避免的受害人心理吗？让阿伦特在感觉上难以接受的在于：艾希曼，正是这个看上去形容猥琐的宵小之徒，他的肉体也会受

---

[1] 伊丽莎白·扬-布鲁尔：《爱这个世界：阿伦特传》，孙传钊译，江苏人民出版社，2012年，412页。

病毒侵扰,他有些紧张,言辞不清,总而言之,他如此普通,却干了桩令人类震惊的事情。随后画面是阿伦特在给丈夫的电话里,说到自己的困惑。

电影如实展现了在这次争论中阿伦特自身所遭遇的伦理困境及情感风浪。因这份报告,辱骂、威胁和抗议的声音蜂拥而至,最为切身的打击是她的犹太朋友与其绝交,其中有她最珍惜的、在她困难时曾解囊相助的布卢门菲尔德。当她心爱的朋友躺在以色列家中的病榻上,拒绝她远道而来的探访,她没有请求原谅,只是一再强调你应该理解我。这就是汉娜——她的密友、女作家玛丽·麦卡锡面对亲友们的伤心与愤怒,总是这样为她辩护。这就是汉娜,意思是阿伦特不会因为情感而在真理面前退让。

的确,伤痛和屈辱感会扰乱人的冷静思维,这是康德有关纯然理性的教导。克制情感与固有的冷漠是两回事情,有关耶路撒冷审判的"报导"随后在《纽约客》杂志登出,就影像文本传递出的感知性而言,与其说阿伦特坚持自己超然的理性立场,还不如说她被自己预设的问题缠绕。这问题于她来说,是一种有关思考能力的扭结,并促使她晚年的写作必须直面这个扭结。因此,影像文本似乎在某个罅隙处,制造了某种不安,这不安来自一种先于理性的情感共鸣。作为阿伦特的读者,尽管有充足的理智为她的超然立场辩护,但作为电影观众,似乎又在法庭那浓烈的悲情场景中无法自拔。巨大的悲痛需要宣泄,这个阀门必须经由审判开启,但阿伦特肯定不这样想,她认为眼泪和控诉应该控制在法庭之外,法庭正是她要维护的且只能安放强悍理智的地方,这是她遭受责难与攻击的关键点。

阿伦特在这份报告的结语部分,花了大量篇幅来澄清与论证的观点是,耶路撒冷法庭所要处理的并不是一桩普通的刑事案件,这里要面对的甚至也不是通常意义上的伤害罪,而是一种古老的敌意如何沉淀、聚集、发酵,最终爆发在集中营这个地方;是一个政治集团针对另一个非政治的种族群体的屠杀,后者分散在各个不同的国家,且完全丧失了作为公民人身权的保障,贱民身份导致了普遍的被驱逐的命运。那么接下来的问题就应该是,这上千年的憎恨最终演变为有组织有规模的"终极解决"行动,这个时间节点是现代国家高度成熟之后,基于理性的主权、宪制、民主和法治已经普遍化的欧洲。基于此,就影像文本的可视性而言,观众很难将法庭与古希腊悲剧剧场做严格的区分。因此,当我们的理智与视觉形象出现分歧的时候,要理解阿伦特所受到的责难必须厘清一个前提,即彼时彼地的事件、氛围与情绪经由电影再现,视觉的脆弱性就在于仅仅根据如我所见的那样,看与感受共时共在,影像自己也在思维。在这个前提之下,人们的感受与阿伦特的论证陷入一种悖论性的处境之中,即耶路撒冷法庭与普遍意义上的法庭,是逻辑上的特殊与普遍的冲突吗?显然,阿伦特是在用普遍性的概念处理作为事件的耶路撒冷审判,而她的犹太同胞却试图以特殊性取代法理概念之内的法庭。

电影没有带动观众和阿伦特一起思考,但可以"看见"何谓"恶的平庸性":那个玻璃罩子里的人如此普通,他说自己只不过是在服从命令,为了晋升,他的行动得有效率,听起来杀人这事和执行一件日常公务没有太大的区别。让阿伦特震惊的也正是这种心安理得的服从，这个普通人所犯下的罪行，阿伦特将之归因为思考能力的匮乏，她将这种匮乏定义为"恶的平庸性"。熟悉阿伦特的读者都知道，"平庸"所引发的恶关涉政治责任、道德、真理以及人的自我反思能力。将思考显现为行动，并承担思想伦理的典范是古希腊哲人苏格拉底，他欣然赴死，为真理殉道。这真理不是形而上的规定，而是有关真理的真理，即任何真理都应被放在前提条件不充分的情形下受到怀疑。正如诺齐克所言：并不是说苏格拉底不知道真理，而是他不拥有真理，他只不过提出了"诘问"这种理解真理的方法并躬身实践，以死明志。[1] 深知任何判断的诸种困难，不是回避而是冒险迎向这种困难，正是哲学的良善意志。因此，电影传达了阿伦特所秉持的思想勇气，但问题是阿伦特很少谈及"恶"本身，这个概念的源头在基督教，而"罪"却经由理性主义的努力改装成了"不法"。

　　普通与平庸有什么关联？影像文本担当不起这样的论证功能，影像叙事和文字的区别也在此。影像如此直观并激发人的感受性，影像和人的感受性一道，重新制造了那个被称作"艾希曼审判"的现象，这现象第一次与人遭遇，与你阅读阿伦特的知识经验无关，那么"恶的平庸性"其概念形象是什么？

---

[1] 罗伯特·诺齐克：《苏格拉底的困惑》，郭建玲、陈郁华译，北京大学出版社，2013年，173页。关于真理问题，诺齐克是从逻辑层面强调命题的非充分性，比如F是什么，应该像苏格拉底那样保持一种"无知状态"，inquiry 使得这种状态得以展开；而在道德判断层面，诺齐克发现面对不公、可耻等具体现象，苏格拉底马上会给出答案。

缺乏思考能力就是平庸的,平庸性即恶,这在理智层面依然是模糊不清的,更何况艾希曼并不缺乏思考能力,他知道自己在做什么——艾希曼留下了近500页的回忆录文献为证。[1] 另一方面,我们知道阿伦特要处理的难题是,在法理框架之外,在哲学和政治层面,这场不同寻常的屠杀该如何来理解?但是她的结论和判断过于急促,在当时人神共愤的氛围中,显得如此格格不入。

现代之后,有关"恶"的思考不属于政治理性范畴,与此相关的就是道德被排除在政治行为之外,这发端于现代政治学的奠基人马基雅维利。权力的构成、运转机制以及获得成了政治学的核心议题,权力被客观化、对象化,权力的运行如同一台自动装置,与人的情感、意志和道德的关系越远越好。而民主制度能担保的仅仅是权力向所有人开放,谁掌权和古希腊人所珍视的德性无关,掌权者的职能就像仪器管理者一样,监测仪器运行状况并保障运行状况保持在正常范围即可。因此政治就成了一门有关社会事物的管理科学,意识形态的冲突也被限制在不同党派的议会辩论中,而人与人之间的利益冲突可以在完备的法律体系之中得到解决。这是人们所熟悉的民主社会的政治形象。

---

[1] 电影《汉娜·阿伦特》公映后,哥伦比亚大学教授里拉在《纽约时报书评》撰文称,对艾希曼的评判有"过度复杂的简单化"之嫌,阿伦特被艾希曼假装的无辜所蒙骗,参见刘擎:《2013年:西方知识界回顾》,《东方早报·书评周刊》2013年1月12日。

## 2 审判何以可能

制度信赖正是理性法则的普适性实践。康德的那句名言"人为自己立法",乃是他权利哲学的根据,法的意志与普遍的人的意志达成一致。这样一来,法的正当性基础建立在道德理性之上,不法就意味着不道德。因此在理性主义者看来,基于个人的道德讨伐本身就是不正当的,而审判与惩治的权力来自合乎程序的仲裁机构。一个法治观念深入人心的社会,必然会坚持:"我们应当维护自由,但同时也不应该成为道德上爱管闲事的人。"[1] 因此,自由作为人的本质性目的,就能够在作为法权共同体的国家之中得到满足。关于道德观念的变化,在黑格尔那里更加明显:道德是一种有关人的自我意识,这种自我意识的显明与客观实践就是伦理与习俗。

在《纯然理性界限内的宗教》中,康德甚至认为人不可能故意作恶,作恶的能力只有精灵具备——正如引诱夏娃的蛇;精灵作恶,人听之,则有罪。[2] 这样一来,根据康德的绝对律令,作为理性存在的人,其作恶在逻辑上无法证成,也就回避了宗教意义上行"恶"的自然起源。就康德指出的人性的基本构成而言,人的脆弱性和心灵的不

---

1 杰弗里·墨菲:《康德:权利哲学》,吴彦译,中国法制出版社,2010年,110页。
2 康德:《纯然理性界限内的宗教》,见《康德论上帝与宗教》,李秋零编译,中国人民大学出版社,2004年,317页。阿伦特提出的"平庸之恶"对应的是康德"根本恶"的提法,显然她将形式和内容混淆了。"恶"在康德那里是一种纯然理性形式,一种原始的主观依据,而"恶"的类型则包括:脆弱、道德上的不纯净以及变态(故意作恶)。

纯正,也就是自私与自爱有可能让人趋向恶,而并非害怕惩罚所以不敢作恶。但这里的论证依然无法回应大屠杀这样的恶行,因为我们不能说纳粹的自私、软弱和因自爱所产生的自利动机,导致了他们对犹太人的屠杀。具体到艾希曼,理性原则的无效性也并不能反推出他的行为是非理性的,因为"屠杀犹太人"如果成了纳粹的绝对律令,这在逻辑上没有任何问题,他像任何一个现代人一样,以守法的原则来遵从上级的命令,这该如何解释?

就屠杀犹太人是恶行这一点而言,需要补充相关论证:针对某一种族的屠杀意味着否决了人类族群的多样性,否决多样性就是在否决人类存在的基本样态,然后才是反人类罪。怎么思考与思考能力是两个概念,前者是哲学家的职责,而后者在康德那里是不言自明的。启蒙哲学家的核心议题不是善恶而是自由,而配享幸福的只能是自由之人,自由概念和道德律令密切相关。为了让普通人都能理解,康德的论证非常简洁,一般来讲就是人不能自相矛盾,你如此意愿和如此行事的原则只需满足这个条件就够,即这原则可以适用于任何人。如果像阿伦特所做的那样,将艾希曼当作人而不是恶魔,这里所说的人只能是启蒙意义上的先验规定的具有理性能力的人。道德律令不涉及内容,仅从逻辑形式上规范人的行为,由此,这样的理性在艾希曼身上,就表现为忠于职守,而在法的层面,他堪称第三帝国的忠诚模范。因此,阿伦特的这份有关艾希曼审判的报告,就出现某种错置,一方面,她坚持严格的理性主义立场,认为这场审判混淆了复仇行动与法律制裁的界线;另一方面,她意识到了艾希曼的罪恰恰在于他的"服从",全权主义制度下的服从就是配合,配合就是有罪,这正是"恶的平庸性"的基本内容。

问题是艾希曼要在服从之前辨别全权主义是什么,他的判断根据来自何处?正如当时生活在纳粹政权下的德国人,"他们以为他们是自由的",[1]屠杀犹太人与他们平静的生活有直接关联吗?必须直面加害者自身,他们怎么思考,采取何种视点,为什么只在一个方向上面对自己的所作所为,现象学的方法是阿伦特面对理性界限进行的智识补救。她不愿意使用共同罪责、行政屠杀这类泛泛的措辞,她对那份厚重的、堪称犹太受害史以及犹太人抗争历史的起诉书——如今被以色列官方列入历史教科书——也不感兴趣。与泛泛的集体责任相比,这个个人在良心所在的地方产生过骚乱吗?思考行为是怎么短路的?如果艾希曼不知道全权主义这回事,他罪责何在?作为犹太文化爱好者的艾希曼曾这样为自己辩护:我并不仇恨犹太人,如果我不做这工作,别人也会去做。对此,阿伦特诘问:"这里引起我们的关心的是你所做的事情;你的内心生活和你的动机,也许不具有犯罪的本性……假定作为大屠杀组织的服从工具,成了你倒霉的原因,即使这样的场合,与你制定实施大屠杀政策、积极支持这政策的事实也没有什么两样。这么说,因为所谓政治不是儿戏场所。在政

---

[1] 密尔顿·迈耶:《他们以为他们是自由的:1933—1945年间的德国人》,王岽兴、张蓉译,商务印书馆,2013年。该书以微观人类学的调研方法,采访记录了背景各异的十位小人物在纳粹时期的生活、作为和所思所想,并在此基础上反思德国民族性以及战后意识形态的结构性问题。

治中,服从等于支持。"[1]作为个人你可能自认倒霉,意思是你的忠心耿耿成了一种罪,再者就是你的尽职勤勉恰好与一桩极端的罪行相关。但是艾希曼怎么可能像小孩或者神经错乱者一样无辜?因此,"恶的平庸性"不是某种性质的罪,就制度而言,一个负责的人恰恰在另一种责任面前丧失了担当能力:阿伦特在此强调的是"政治中的服从",以此区别于制度结构中的遵纪守法——现代之后政治与法治合体,并在原则与实践上完全满足个人责任的表述。这样一来,如果出错,一定是制度的问题,与具体个人无关。尽管阿伦特很少使用"现代性"这个术语,但她针对的正是启蒙逻辑所建构的现代性状况,她提出与个人责任相对的政治责任。制度不是客观化的装置和机器,仿佛制度运行良好一切便井然有序,从而助长了思想的懒惰;思考作为行为本身就是一种责任。与此相应的就是,政治责任拒绝以制度的名义逃避自我,而要直面自身,在没有神性尺度的前提下,人和自己对话这样的思维活动,与政治责任有何关联?

因此,更确切地说,针对自由主义的理性原则,合法性的犯罪是不是一种罪?这是一个逻辑意义上的扭结,艾希曼的辩护也是基于这个理由,我不干这事别人也会干,因为这是国家所规定的职责,总有人得来承担。对此,阿伦特要做的是让那些隐藏在逻辑、法令、制度、结构背后的抽象面孔变得具体清晰,但这里的具体性和庞杂的经

---

[1] 汉娜·阿伦特:《耶路撒冷的艾希曼——伦理的现代困境》,孙传钊编,吉林人民出版社,2003年,47页。

验事实无关，因为针对不同的处境，每个人都可以说出我服从的理由是什么。随之而来的难题就是，目前还没有任何现成的认知框架让我们获知"这个个人"的完整面貌——存在主义宗师克尔凯郭尔终其一生的努力似乎也只提出了有关"这个"存在的问题，但阿伦特坚持的原则就是人与自身性有没有得到充分的思考，这个原则对施害者与受害者同样适用，在这个前提下才引出这样的问题：一件可怕事情的发生，任何一方都必须承担的责任是什么？恶行怎么仅仅只和恶魔相关？更何况人世间并不存在"恶魔"这回事。

经由阿伦特的提示，自由主义的个体自保的优先原则不可能回答这样的问题，当然不是说仅仅针对大屠杀这样的极端事件，自由主义才显露出其脆弱性，即法的边界与道德上的无能为力交织在一起。在《极权主义的起源》(The Origins of Totalitarianism)一书中，阿伦特慎重地保留了自由主义的普遍价值在法律层面的意义，即对人身权的侵犯在文明世界是绝对禁止的。但当这条抽象原则遭遇意识形态蛊惑的时候，侵犯行为就涉及价值设定了。全权主义漠视成文法，但并不意味着它们堕入了前政治的野蛮状态，其偷梁换柱的做法就是将自己改装成自然法则或历史法则的直接执行者，僭越针对个人的、克制的现代司法体系，直达法的源头，即神一般的普遍正义之中，并代表人类和历史宣称自己绝对优异、绝对进步。作为《极权主义的起源》的作者，阿伦特非常警惕艾希曼审判中法庭所代表的绝对正义的调子。看出这一点，我们才能获得"恶的平庸性"这一说法的基本逻辑链条，与自由主义的路径一样，前提依然是针对个人说话，这个个人因思考能力的匮乏,将自我信靠的基础建立在具有迷惑性的意识形态说教之上,那么在质询政治责任的时候,是否应该考虑个人受到诱惑的成分而减免政治上的罪与罚?政治问责的困难恰恰在此,针对的是个人所必须担负起的集体责任,如果这一个人具体的参与动机是基于自我保存与自身安全——"参与"在阿伦特这里有个极端的界定,即不抵抗就是参与——那么面对这种情况,自由主义会不会无可奈何?因此,在个人动机与集体行动的动机之间,还应该加入一个属于哲学范畴的中间环节,这个环节就是康德没有回答的那个问题:人为什么会听从诱惑?或放弃抵抗,或积极参与,或者基于何种理由,从不思考与什么样的人该怎样共同生活在这个世界上?基于什么样的理由,拒绝与某类人共处?这样一来,政治责任就已经包含着政治判断了。

## 二 我愿,但我不能

就朴素的道德观念而言,良心(conscience 在法文中也指意识)是天赋之物,做了错事,人会自动不安,不安是因为总有一双眼睛在看着自己,这自反性的目光,之于基督徒就是上帝;之于普通人,就是生命个体的自尊心,知道生命存在的规定性是什么,或确认存在感的自我意识,在黑格尔那里是指人之为人的普遍的意识现象。在此,还没有触及应该与什么样的人共存或者拒绝与某类人共存这样的政治问题,但在政治之前,个体必须在心智上做好准备,即对自身性的关切是一切思考的出发点。阿伦特曾无数次援引苏格拉底的例子,来表明思考行为自身所蕴含的伦理属性,怀疑越多就越道德。以苏格拉底作为思考行为的典范,这对常人来说是不是要求太高了,是要求所有人都成为哲学家吗?更何况哲学家很少向世人宣告他们的思考经验本身。但只要是人,就会有思考行为,就这一点而言,阿伦特充满信心。

## 1 怀疑和判断的辩证

现代政治奠基于个人主义的世俗原则,在没有上帝之眼的情况下,这个个人是在一种抽离状态中展开思考的。可见,现代政治的统治对象不是有德性的人,而是有思考能力的人。仅就思考行为的原初状况而言,抽离意味着从文化、社会、历史和政治的既有说法中解放出来,悬搁其与这一切的联系。在《思考与道德关切》一文中,[1]阿伦特区分了求知行为和思考行为,并将后者做一种现象学还原:思考是日常性的中断,"停下来……思考",此刻没有稳定的概念作依傍,我和自我进行对话。这古老的苏格拉底式的反讽,既非循环式推论,亦非逻辑运作,也没有对具体结论的期待,能做的只是从一种情景转

---

[1] 汉娜·阿伦特:《思考与道德关切》,见《反抗"平庸之恶"》,杰罗姆·科恩编,陈联营译,上海人民出版社,2014年。该文的英文标题是"thinking and moral consideration",与知性意义上的思维区分开来,即正在思考的行为本身是怎样的。

向另一种情景,这样的转换使得任何一种结论都面临难以自足的局面。思考活动可以说是无限的,这无限性使得思考如风暴,你看不见但能感受其存在,因为当你摇晃的时候,就正是在承担思考风险的时候。苏格拉底正是在否定的意义上制造思考行动的肯定性。那么,在权力的眼中,这充满困惑的思考着的人一定是一个危险分子,因为统治/服从厌恶思考。这样一来,正义、幸福、勇敢之类的说辞,在思考行为中就丧失了稳定性。

当然,对于任何政治体来说,这充满困惑与犹疑的个人是危险的,在最低程度上,这个个人不仅是在执行层面上铺设障碍,更为关键的是他是其自身的障碍:任何判断、选择和行为要通过自己这一关,就变得不是那么容易了。在思考行为的发生现场,没有信仰、知识、概念以及道德教条为标准,而是作为一种纯粹的意识经验,显现为这个个人在为难自己——其典范就是苏格拉底式反讽的现代传人克尔凯郭尔[1]——在这无限的充满困难的过程中,敲打出的那个"自我"才值得信任。因此现代意义的自我信靠在这个层面上,并非对神性的遗忘或对于神性的僭越;在存在主义者看来,审慎品质也不是功利主义的理性计算,而是源自怀疑。怀疑是在孤独无依的状况下产生的,越是无所依傍,对那个甩不掉的自我就越是慎重,越是珍惜,就

---

[1] 克尔凯郭尔的博士论文以苏格拉底为研究对象,发现思考的绝对起点只能是"个人",而真理、观念总应该与这个个人的生活经验共生共在,在此前提下才可以说,人之于真理算是"理解"了。他认为反讽是严师,谁要忽略它,谁就缺乏个人生活这一思考的绝对起点。见克尔凯郭尔:《论反讽概念——以苏格拉底为主线》,汤晨溪译,中国社会科学出版社,2005年。

是说即使被全世界所遗弃,人也不能放弃自我,就越需要有个说得过去的自我,人与这自我惺惺相惜,交谈对话,和平共处。阿伦特正是从这里出发,提出"在这种情况下,可靠得多的则是那些怀疑者,并非因为怀疑是好的,或者怀疑有益,而是因为他们习惯检审事物并且自己做出决定"。[1]

因此,思考行为在最平常的意义上就在于:人有脑,脑的存在就意味着会自行转动,正如人有手脚一样,会行动。如果手脚行动是外显的自由,那么动脑子就是内在的自由,这是无须争辩的天赋能力。哲学家与普通人思考的唯一区别就在于,前者能够熟练地掌握思考的方法,这包括遵循先验原理的严密推论,如康德那样澄清所有外感官的事物;或者能够把存在的历史经验整合进辩证逻辑之中,用哲学语言来描述经验,像黑格尔那样给人类经验定制秩序。

就思考能力即自由而言,有两位哲学家在不同的方向上,将自由在最根本的层面理解为如呼吸般自然的现象:一个是苏格拉底,他经典的诘问法适用于普遍的个体;另一个就是启蒙思想的巅峰康德,他的道德律适用于任何心智正常的人。两位伟大的哲人从悖论性与证成性这两个角度,宣示自由不仅如生理官能一样是天赋的,而且与这种官能的正常运转相关。因此,针对像全权主义这样无任何历史经验可参照的现象,阿伦特只能求助于先验的理性个体,来检视全权主

---

[1] 阿伦特:《反抗"平庸之恶"》,69页。

义中的思考行为是如何发生变异的,即她所说的全权主义的构成性因素包括:总体性思维、经验感知性的麻痹以及观念强迫症,[1]比如嘴里自动播放元首语录或领导意图。全权主义是怎样与个体的思维活动产生关联,并发挥作用的?——这是阿伦特的论证路径,就是说在你参与其中之前,必须要问:你是怎么想的?

反之,我什么都没有考虑,就被卷进去了,与那些参与其中并振振有词的人相比,阿伦特认为前者更没有道德性可言,身不由己和盲从于某种意识形态相比更可恶。身不由己就是完全放弃自己作为人会思考这样的天然属性,是头脑的瘫痪,而盲从可能还想了点什么,更彻底的盲从就是被意识形态那绝对的漠视经验的自证逻辑侵蚀,即这个从外部强加于人的思维方式,被人内化成其行为的自动逻辑或机械化,在这种状况下,看起来想了点什么,与自我怀疑者在经验中展开的诘问相比,依然是不道德的。

你怎么思考就怎么行动,这好像无须质疑;这是所有道德判断的前提,即意图和故意。这个世界上并不存在无缘无故的行为,大脑指挥行为已成共识;即使关注无意识的精神分析,也是运用语言隐喻的方法,针对不可理喻的行为做出结构性的分析。因此,思维活动与道德是经由意识—意图产生关联的,怎么想就怎么行动,道德判断正是针对某种已经发生的事情,逆向质询作为行为的思考过程。若如康

---

[1] 汉娜·阿伦特:《极权主义的起源》,林骧华译,生活·读书·新知三联书店,2008年,586—588页。

德所说的那样,有诱惑存在,那么这里的问题就在于:要揭示出某种意识形态的诱惑性,以及人为何接受诱惑?

## 2 孤独、孤寂与孤立

阿伦特依然援引理性主义的立场,将人与自我的关系放置在人与世界关系之前,这个前提是逻辑性的——康德与黑格尔的权利哲学,将此表述为服从法律就是服从自我,法的意志是个体自由意志的延伸。但当灾难发生的时候,仅从普遍的逻辑推导,很难辨识全权主义的强制性力量究竟来自外部还是内部。借用康德对恶行现象的描述,精灵作恶,人听之任之,那么看起来恶行的发生需要双方的配合。为此,基于对先验个体的普遍信任,我们需要来检审:全权主义的构成性因素针对人的何种存在境况产生作用。在《极权主义的起源》结尾部分,阿伦特细致地分析了与思维活动相关的三种生命现象,即孤独、孤寂和孤立。

孤独感来自人敏感的神经,孤独是感觉到自己被遗弃,是人发现自己的第一处境;一个总是与他人连成一片的人,不会有孤独感,同样也就没有自我意识。意识到他人的存在并将他人视作自我的敌对面,孤独为思考行为营造了一个氛围性的条件。在孤独的氛围中思考,人便进入孤寂状态,孤寂之人开始与自身的对话,就是说人不仅被他人所遗弃,还会被自己所遗弃,当然这种自我遗弃感所产生的自我憎恨,会帮助个体创建一个新的自我,在背离与共处的往返交互之中，选择什么样的自我是可以容忍的，什么样的自我是不能容忍的。经历了这番自我搏斗之后，这个孤寂的自我将自己思考成型的自我意识外推给世界，这就是一般意义上的伦理原则或风俗习惯。这伦理、习惯和习俗活跃于人际空间，就政治而言就是公共空间，反之，进入公共空间之前，人已经做好了道德意识的准备，或者说一种清晰可辨的自我意识。

一种强悍的自我意识恰恰是与一种同样强悍的他者意识相伴而生的，换句话说，就是意识到他人存在的一种更强烈的自反意识。天才般的哲学家本雅明将此描述为一种直观的现代性体验：人群之中的闲逛者，在巨大的噪音之中聆听自己的心跳。主动与周遭隔绝是思考行为能够发生的条件，人因自怜而孤独，敏感的心灵总是觉得自己被世界抛弃了，或者与世界不和。孤独之人蜷缩在世界的某个角落，和自己的内心窃窃私语，但这自言自语是说给他人听的，设想有一个他人在场，是有关思考的体验性练习。对此，当艾希曼审判沉浸在民族性的巨大悲愤之中，当阿伦特的犹太朋友肖勒姆提请她关切自己的犹太身份时，阿伦特的回应带有彻底的理性主义的"冷酷无情"，声言自己从未爱过任何民族或国家。阿伦特将爱自己的民族与自爱等同，爱自己—民族无疑就是自私，会丧失自我检审的能力，或者苏格拉底意义上的自我怀疑。

不爱自己的民族，不自爱并时刻检审自我的人，正是现代意义上的个体。这一个体存在的风险表现为，一旦自我检审的行为被某种外部力量强行终止——在法律上指言论自由的权利，即全权主义的高压政策阻断了人的自由思考,这一个体的脆弱性就暴露无遗,人们彼此就普遍处于第三种生命状况,也就是孤立。问题的关键还不是思考行为的中断,这种最基本的自由是任何力量都无法剥夺的,除非物理力量或者酷刑对大脑造成损伤。孤立意味着思考行为与道德判断的短路,人们彼此为敌但又相互需要,这是最为不堪的一种可怕处境。思考行为本身成了一种罪,在长期的压抑的清洗运动中,那个与思考如影随形的自我就萎缩下去了,或者人与自身对话的两种路径出现阻滞:一种是苏格拉底那种丰富的感知性资源,一种就是康德自洽的逻辑形式,因为任何思考,不管是理性主义的严格推论,还是经验主义的诘问法,它们共同依赖的基础"自身性"已经被销毁。看不到自己的人也就看不见他人,但他们如物质材料般麇集在一起,相互挤压碾磨。

阿伦特将孤立定义为行动能力的丧失,是因为全权主义的意识形态逻辑,其强悍而冰冷的看似自明的力量像老虎钳一样将个体紧紧地攫住,从而使得个体鲜活的感知能力处于麻痹状态。在此,看起来全权主义和理性主义仿佛共同享有某种不言自明的前提性推论,只不过推论主体不同,一个是政治集团,另一个是某个个体。因此,人丧失思考能力,这丧失不管是强制的还是主动的,总有某种逻辑力量在起作用,从而依然无法建立思考能力与政治道德的直接关联。阿伦特也曾说到,一提起政治道德,任何政治行为总是标榜自己的正义、进步与善,并占据某个道德高地,[1]那么整个伦理体系对于善的解释是不是成问题的呢?就是说,人被诱惑,但究竟被什么诱惑?如果恶的对立面是善,为善诱惑而行恶事,那么这悖论难道被全权主义巧妙地吸收了,并运用自如?

## 3 是那个"谁"在爱城邦

一般情况下我们指责别人没有良心的时候,隐含的前提是良心自明性,良心是人的道德官能,良心麻痹就等于说这个人丧失了人格的健全性。这依然和预设性推论有关。人无能作恶,其对应面所指的这恶也许是种强悍的力量,就像梅菲斯特那样,是挑战权威的精灵。可见,所谓良心泯灭人便作恶,这样的推导并不成立,但我们可以说道德官能性的障碍,会导致人的软弱。软弱不是指体能上的,而是头脑里空荡荡的,别人灌注什么就是什么,那么轻信也可以说是一种道德上的软弱。因此,在阿伦特看来,良心如果不援引宗教意义上的灵魂说,就只能被看作自我怀疑的"副产品"。[2] 如果恶的平庸性与灵魂被诱惑有关联的话,那么就没有自我怀疑的立足之地。这并不是说一个总是自我怀疑的人,同时也不相信世界上存在善恶;如果取消善恶的差别,判断就无法形成。如果脱离神的注视与安排区分

---

[1] 阿伦特:《爱这个世界:阿伦特传》,418页。
[2] 阿伦特:《反抗"平庸之恶"》,188页。

善恶，就政治行为这项人间事务而言，善恶的判断必须把灵魂品质的定义引入其中。既然灵魂品质需要得到鉴定，那么锻造高洁灵魂的精神斗争很容易让人联想到全权主义的清洗运动：对象正是那些必须被消灭的敌人，理由在于他们灵魂的肮脏，而不是他们实际的存在威胁了政治体的稳定。

现代政治学的奠基人马基雅维利有句名言：爱城邦高于爱灵魂，不是说政治高于德性，而是将两者切割开来，政治行为与个人人格的完善没有必然联系，只有保守主义者才相信好人统治就是好的政治。但问题是谁会认定自己是坏人？希特勒不可能认为自己是坏人，没有任何文献证明他们承认自己有罪。列奥·施特劳斯是这样界定好人的：对于政治而言，有功绩的人才配享荣誉，这荣誉将他们推向权威的位置，而一个正义沛然的世界就是每个人依据自然做他最为合适的事情。[1] 但问题是何种功绩？是古典意义的战功，还是将人的灵魂进行彻底改造的绩效？人如何才能知道哪些事情适合他，哪些不适合他，正如二十世纪二十年代，在维也纳街头为生计惶惑不安的小画家希特勒，他根据什么判断哪些事情适合还是不适合自己做？当然施特劳斯会这样回答：这些人被权力腐化，他们不配被称为领袖。但人在走向权力巅峰之前，怎么知道自己会被腐化？

那么"爱城邦"究竟说的是什么，是谁在爱？当然是公民。公民

---

[1] 列奥·施特劳斯：《自然权利与历史》，彭刚译，生活·读书·新知三联书店，2011年，150页。

爱城邦，教徒爱灵魂，这样对比起来看，后者仿佛是一目了然的善，人人在内心都会趋附的善好；前者就不那么干净了，因为人们总是认为政治是肮脏的。但全权主义将这两者混淆在一起，对纳粹党的忠诚就等于灵魂的纯净，这正是现代全权主义的政治伎俩。这样的诱惑将个人与世界的边界予以模糊化处理，"城邦"被置换成了某项伟大的事业，从事这项事业的人，灵魂亦是高洁的。没有人去质疑这套说教，这说教应和了人的内在需求，两种爱交融在一起，锻造出一种人格性的铠甲。

面对全权主义这样的政治现象，奠基于德性的古典政治学也好，根植于自然权利的现代政治学也好，都会捉襟见肘。更为微妙的是，保守主义者会以德性缺位的理由指责说，这是现代政治科学制造的灾难；而现代政治学会认为，正是由于对灵魂工程的迷恋，以及常识的毁灭，这灾难不是道德问题，而是绞碎自然权利的人道灾难。阿伦特的独创性就在于，她既不是保守主义者也不是自由主义者；她将康德的道德哲学进行现象学还原，她的论证并不针对领袖、党魁和党棍，而是从参与其中的千千万万普通人出发。在人群之中的这个个人究竟深陷怎样的政治—道德处境？唯一能够捡起来的线索依然是，你是人，就应该进行思考。

## 4　在"应该"和"我能"之间

阿伦特发现，和《十诫》首条"汝不得杀人"相比，康德实践理性中例举的最为绝对的道德命令是人不得撒谎。[1] 根据古希腊哲人的超验灵魂等级说，只有哲学家借助心灵之眼，才能看见理性之光。而启蒙逻辑建立在大写之人这一普遍概念之上，认为"思考"不仅是人的天赋能力，还是人的权利，这个设定比起灵魂等级说，争议更少。因为这个设定并不关乎判断；纵使有判断，也是将判断权交给普遍个体，于是认识自我的是"我"，没有哪个睿智之人来告诉我：我是谁。阿伦特将这条命令还原成思考行为，在自我质询的过程中，进行思考的人不得自相矛盾，如果容忍矛盾，你就是在撒谎。

当然，这个纯粹个人的思考行为的非矛盾律涉及义务：你应该你就能够；如果你发觉自己应该这样但是"不能够"，这就是你对自己撒谎。但这个"应该"正如古老的贤人政治，怎么会是自明的呢？至于说人是否可以放弃自己，阿伦特提出了一个有意思的折衷方案：如果这个"应该"和"我能"之间的距离过大，那么这个人就是不道德的。[2] 但是康德的绝对律令是不能够被衡量的，稍加掂量即陷入他所批判的功利主义窠臼之中。绝对义务不牵扯任何外部力量的强制或诱惑，如果接受强制或听认诱惑，在康德看来就是道德腐败了。一旦将这条律令放进具体场景之中，更多的时候，人往往处在萨特所说的自欺（bad faith）之中，因为生命的普遍处境往往正是被"我应该"但我"不能够"所围绕。"应该"预设了一种应然的价值理性，可是在世俗

---

[1] 汉娜·阿伦特：《论道德哲学的若干问题》，见《反抗"平庸之恶"》，84页。
[2] 汉娜·阿伦特：《论道德哲学的若干问题》，见《反抗"平庸之恶"》，99页，注释1。

生活中人的选择与行为仅有这种价值理性是不够的，或者说生命根本承载不了这沉重的精神或价值，人的行为更多的时候是受具体问题与具体动机促发。"我不能"在存在主义那里是以牢狱形象来反复描述的"处境"，并借由选择——判断——行动予以攀越。但就政治道德而言，"我不能"在阿伦特那里反而是最低限度的对于"恶"的消极防御，以此去应对外部的诱惑，无论这诱惑是善的还是恶的。这样一来，"我不能"是经由思考活动针对自我的判断，其结果就是行动能力的消解。一个充满怀疑的人肯定是行动能力最弱的那个人，但犹疑与彷徨是人最后的权力了。那么思考活动如何才能与政治行为发生关联？毕竟思考是一种个体化的行为，而政治则是人在一起共同进行的一项事业。如果完全依赖人与自我的关联，人们的联合与协作如何成为可能？

"我不能"当然不是指行动能力的瘫痪。人在被诱惑或者作为体制零件时，那个微弱的挽救自我的声音才响起，此刻的"我不能"是一种心理活动，人反复掂量自己应该处在何种恰切的位置之上。主动将自己置于边缘状态，作为自我策动的应急方案，是人性事实中普遍存在的一种意识现象，比道德标准更常见，比理性原则更加容易上手。因此，道德首先应该与人的思考活动（thinking）相关，作为一种意识反应，在无任何外援的情况下，人与自己对话，展开独立的思考活动，是为了敲打出那个自我。因此，在决定做还是不做某件事情的时候，人对自己提问：这样的行为是不是与自我相符？相符就去做，不相符就不做。那么"我不能"的意思就是，我不愿意和自己产生矛盾，不愿意被是其所不是的那个"我"纠缠，这里就涉及古典政治学没有考虑到的一个问题：政治生活的善好如何抵御人的自我分裂？或者更进一步，听从哲人王还是听从人自身，关乎政治责任的不同取向。如果天性决定了人的所作所为，那么完善性就无从谈起，而思考正是可以帮助我们趋向完善的能力。

放弃对自我的质询，在阿伦特看来，人就和愚蠢照面了，愚蠢正是道德败坏的直接原因。人们如今宁可更加聪敏，而不是更道德。相应地，不是道德的败坏，而是思考能力的丧失，成了现代人的普遍处境。人们躲在制度和产品的背后，人的面目被格式化。针对全权主义通行的洗脑策略，阿伦特尤其关注现代人的思考行为和思考能力的问题。在她的晚年，她把自己的写作焦点锁定在"精神生活"这个议题上。

如果思考是我与自我的漫长对话——一个合二为一的过程，那么这里已经出现了多于一个的现象，这正是精神生活与政治生活（复数的行为）的连接点。而"我能"或"我不能"恰恰处于思考和判断的交会处，判断的到来还需借助一种综合能力，犹如人对自己的发现一样，发现他人的存在，不正是从这个思考的习惯中养成的吗？判断并不是根据高于人的超验规定；尤其政治判断，是在人之间产生的。在众人之间，就会产生冲突与矛盾，这时候任何概念或者哲学意义上的推论均可能无济于事——它们与逻辑层面的思维更近，因此就政治领域而言，意志与判断才是两种最为紧要的精神因素。

其实康德也意识到了道德律令那种严格的理性形式，对于具体的人的行为无所帮助,因为一个完全的理性存在者根本不会遭遇任何困境。但我们知道,不完全的理性存在者随处可见,因此,在道德知识和经验性知识之间,以成文法的形式加以调控,法也就成了理性实践的典范。在《道德形而上学》中,守法之人就是理性之人,其实就把思考的困难抹去了。日常经验中,人们遵守制度性规定,做这做那,没有人会停下来思考,停下来与自身照面,总之根据制度行事是不会出错的。于是"应该"就异化成了一台自动运转的制度机器,显然与针对人自身的道德律令没有什么关联,这台自行运转机器一旦以全权主义的手段被操作,那么政治责任显然就成了一个被彻底遗忘的问题。

因此,重新思考政治,不是说重新陷入意识形态的纷争之中,或者假装自己可以超越意识形态。当人们说意识形态的时候,似乎每个人都站在它的外面指指点点。意识形态(ideology)的原意,是指一套逻辑自洽的观念体系,这好像是说个人对此没有任何责任,正如制度机器的运转,人参与其中正是为力学原理所决定,其动力学机制是哲学家才关心的问题。但在政治思想史中,我们又会发现,恰恰是启蒙逻辑以其强悍的理性力量,以法制的形式终结了政治,即终结了因眷念权力,而产生的人与人之间的险恶争斗。

如果按照阿伦特对于政治的现象学定义,即作为复数人的行动在创造一件新鲜的事物,那么政治就和权力争斗以及攫取没有任何关系。阿伦特在《人的境况》中将权力界定为人们聚集在一起的力量,一旦聚集目的完成了,这个权力也就消失了。可见,只有从阿伦特所理解的政治方向,才能建立起道德、政治责任和思考行为的关联。无论政治的消亡也好,还是政治的重生也好,或者在自由主义和保守主义的视野里,理性也好,德性也好,都无法解决现代之后政治所面临的困境。对于全权主义所制造的无解的政治灾难,在理性认知力不从心的地方,仅有人道主义的责任追究是不够的,阿伦特的言说则为我们提供了一种新的思考维度。

对于现代人来说,一切纷争都和利益相关,人根据自身利益来决定自己的行为方向,利益总是具体的,无法抽象化。利益只和远近轻重相关,一个快要饿死的人能吃到食物,就是他最紧要的利益。不同的人具有不同的利益诉求,人难道仅仅是根据利益来辨识自我?这样一来,权力也同样会根据利益原则来装扮自己的正当性,权力会说这符合民族(Nation)的利益,那不符合民族的利益,而民族在全权者眼里,实际上是无人存在的荒漠,由全权者来代表就够了。由此可见,利益原则只会让人们的政治判断跌入重重迷雾之中。

在马基雅维利之后,政治究竟与什么密切相关?在历史性的面向,政治判断的权力阀门往往陷入了意识形态之争;在当下语境中,又总是以利益为中心,以现实利弊的权衡取代政治判断。而更多的时候,政治科学与公共管理学已经难以区分了。在这样的状况下,政治哲学重提有关政治的古老含义:好的生活如何成为可能?何谓好的或是坏的?政治清明、人伦井然,不管西方智慧还是东方智慧,都这样认为。但是现代之后,真假取代了好坏的判断,在这样的前提下,阿伦特提出的政治判断,使得政治的目光穿越古典意义上的权力德性，以及马基雅维利意义上的权力理性，折返人自身，针对个人心智活动，提出人对自己的正确判断与政治判断息息相关，即你是什么样的人和你想过什么样的生活息息相关。

## 三 没有判断就没有责任

现代之后，从实验科学而来的知识理性，要求人们面对任何事物，尽量做到客观与中立，这意味着人必须将个人的任性与偏好排除在外，也就是说有了规律和规范——在康德那里是道德律的范导，个人心智活动中的判断应被隐匿并予以抑制。在知识理性看来，日常生活经验中对事不对人的说法，是强调评判的精确性与有效性，至于"人是什么"这个问题，应尽量悬置起来。与此相应的就是，"你是谁"这个问题同样是不可理喻的；知识理性不会从这个角度提问，而是将人的行为，社会性的也好，心理的也好，分别交给社会学家和心理学专家，就是说把自己交给专业知识，在专家那里寻找答案，专家就是知识的化身。听从自己的声音是不可靠的，一方面是意识到了个人的有限性，但另一方面，恰恰是将思考的权利出让给除了自己之外的任何人。越多的知识意味着越来越稀少的思考，于是，我们获得的自然、社会、心理、文化、历史等等的知识是如此丰富，而唯一贫困的现实就是自我：我没有判断，把我排除在外。还有就是，对不起，我无能为力，这是制度。这样的日常意见随处都可以听见，我们自己这样说,也听别人这样说,其实没有说出的真相就在于:我没有判断,我就没有责任。当然在没有圣徒的世界,道德指引是虚弱的;由于好坏只与道德相关,粗陋的道德谴责也没有太大的说服力,但这并不意味着所有人都有成为艾希曼的潜能。阿伦特的要求是去判断;这是人的政治官能,就像你去看、去听、去嗅一样自然。

## 1 品味判断与道德能力

人的事实真相,正如自我的事实真相,在这真相里盘桓:人与自己争辩就很有政治意味了。我看见自我,正如看见一幅画,马上能说上两句,这是官能的天赋。在这个意义上,阿伦特将康德的品味判断力转化成一种旁观能力。旁观能力依赖于共通感,就是说人可以回想某种食物的美味,但无法交流,不可能通过语言去说服另一个人相信某种食物必然是可口的,但是你相信别人也可能会有相同的感觉,这共通性存在但无法证成。不能交流是否就意味着没有标准?康德的纯然理性给出的解决之道就是先验的想象图式,比如三角形,既不是事物本身,也不是概念,而是诉诸视觉感官的三角形,是可见的概念图式。而在理性思维之外的审美或品味判断,却没有这个先验图式可依赖,当你说一幅画好还是不好的时候,你也相信任何人都能对此有所评价,不是说评价的结果一致,而是说官能正常发挥功效,你如此,别人也如此,这就是阿伦特强调的判断之所以能够产生的事实基础。品味是任何人都具备的感官能力,而品位说的是一个人有良好的感受力,针对感受力的判断就和任意的私人性感受内容或结果区分开来,是可交流的,因此"尤其品味判断,总是反思他人以及他人的品味,把他人的可能有的种种判断纳入考虑"。[1] 从品味到品位,想象力和共通感就参与进来了。

在《判断力批判》中,康德区分了两种愉悦:一种是你正在美餐时的愉悦,还有一种是你回想那顿美餐时的愉悦。更多的时候,恰恰是后一种愉悦体验更加强烈。回想并将令你愉悦的事物告诉他人,这本身也是令人愉悦的,因为只有在分享时,这样的好才会变得更大。总期望向他人展示美好之物,并且相信他人也能感受到这美好,这是人的品味使然,但此时此刻,那顿美味既不在你的口腔也不在别人的口腔之中,你是根据你对美味的理解,与你的伙伴一道,重新创造了一种"美味",一种内在的感觉,这比你当初大快朵颐时多出来的部分,康德称之为"判断着的快乐"。[2]

品味判断中不可能有概念的参与,康德比较了五种感官能力,他认为只有味觉和嗅觉更私人化、更挑剔、更加敏感,更加不可交流,就是说品味天生含有更强的判断性,这判断性近乎一种生理本能,对于难吃的与难闻的,身体立刻做出排斥的反应,这是最为始源的判断现象学。当我们思考判断力的时候,不应该遗忘判断行为中的身体反

---

1　Hannah Arendt, *Lectures on Kant's Political Philosophy*, ed. Ronald Beiner, Chicago: University of Chicago Press, 1992, p. 67.
2　Kant, *Critique of Judgement*, trans. J. C. Meredith, Oxford University Press, 2007, §4.《判断力批判》的李秋零译本在此部分内容中,将品味判断译作"鉴赏判断",本文根据阿伦特所采用的英文译法,全部作"品味判断"(judgments of taste)。

应,因此,康德在《判断力批判》前言中声明,有必要补充理性概念和实践当中的这个中介环节,他称之为判断力。这样一来,作为道德概念的善好,在其发生现场,品味判断力发挥作用,正是人的心理官能所赋予的一种内在意识。于是我们发现,现代之后的道德概念与古典主义的德性概念一个最为重要的区分在于,前者出自个人意识,后者出自超验的规定。

那么想象力就可以理解为我感觉到了我的味蕾感受,如何将这如此个人化的感受与他人分享?这感受别人也许有,也许没有,如果他人也同我有一样的反应,这就是康德所说的"共通感"(common sense,也译作常识)。共通感的发生必须有他人的在场,这样我感觉到的感受就变成了我与他人一起来感受,这感受可能会产生一些共通性,和愉悦相比,我们会厌恶什么仿佛是更为明显的。但有时候人们彼此的感觉会相互冲突,因此会沮丧,不过这不重要,可交流性并不意味着一致性,可交流性内在于品味判断,自我感觉能够被回想起,并且能够与他人一道回想起。思考亦如此,需要孤寂,同时思考需要走向他人,在世界中显现。这时候,在想象力和共通感的助力下,有距离的再现就从感受变成了旁观,在场—旁观共同形成了人们所说的公共理性。

就像电影的诞生——电影诉诸你的观看——仅以画面进行判断,因此,想象力和共通感使得再现成为可能。任何再现都是某种既在眼前又不在眼前的,既非主观又非客观的存在;正如你不能说电影是主观的,因为画面是实存的,但也不能说它是客观的,因为它并不是真实发生的事情。正如我们不能看见自己的眼睛,"看"需要距离,看就是旁观。旁观能力其实是一种意识重播的能力,一件事情发生了,尽管你不在场,你的判断依然成立。人自己向自己要求这判断,就是政治责任显现的时刻。

## 2 范例作为政治判断的图式

全权主义政治运用美学原理进行意识形态鼓动的时候,利用超感官的崇高体验,制造那种整齐划一的恢宏气势,不是诉诸个体的理性道德能力,而是借用夸张的造型,占据生发自由的共通场所。反思性判断在此被抹除,没有留下看见个体自身的环节。对崇高概念的形式化或公式化痴迷,就好像人对某种口味上瘾,沉溺于味蕾的私人性感受,变成美的饕餮者,人的感官共通能力只能束手就擒。这时候,旁观能力应该作为一种防御机制出现,就是说你成为艺术品还是你在观看艺术品是两回事。可见判断共同依赖的前提是距离,回想本身就是距离,但仅有回想还不够,判断一定要回答好还是不好,并与他人一道,去检审作为道德官能的判断是否还在发挥正常功效。

品味判断的松弛是因为语言接管了一切,当每个词据有了稳定的意义之后,人们就疏于运用感知力、直觉和悟性,去询问一个概念究竟被体验为什么?感觉当然不值得信任,但这并不意味着就必须去主动关闭这样的官能;哪怕作为自闭症患者,主动关闭身体与世界的接触,那也是因为他感觉到了自己的忧郁和绝望。因此,阿伦特发展了"品味判断"中的想象力和共通感这两个条件,品味判断隐没,恶的肤浅性就会冒出来:人像机器零件一样运作,在忙这忙那,不会停下来思考。思考行为的现象学还原,在阿伦特那里就是人与自己对话,那么这个对话的习惯来自哪里?这个问题推动她走向针对人的心智活动的现象考察。心智活动依赖人的官能,去做品味判断,如果我能回想起我的感受,并期望这感受能够与他人一道分享,在他人那里得到回应,那么判断能力就成了人与自我、人与世界的一种天然的纽带,而真理总是借由这样的能力,临近政治领域。

与早期关注政治行动的现象发生学不同的是,阿伦特将康德的品味判断力与政治判断力联系起来,政治判断就不再是一般意义上的意识形态之争。阿伦特关心的是,在对某一政治现象进行判断之前,应该对此现象有充分的理解,这种理解就像品味判断动用想象力和共通感才能达成一样。因此政治判断作为行为表现,可分为服从与抵抗,两者各有消极与积极之分。人如此这般行为,总是可理解的。意志如果指挥行动,政治判断也应该摆放在行动之前。要么抵抗要么服从,就政治而言没有中间地带来安放人性的脆弱,或者所谓人性的晦暗不明。那么政治判断的想象力从何而来?阿伦特认为只能依靠典范来启动这样的想象力,没有必要去述说一桩事件有多悲惨——悲惨程度与判断无关,政治判断的源泉在历史故事、神话和史诗之中。这里没有康德意义上的先验图式来帮助我们直观什么是三角形,什么不是三角形,这无条件的必然性就是有关三角形的理念,但在政治这人类独有的现象中,判断发生在直觉和品味之中,不能被证实,但能够被"了悟"与"传颂"。[1]

在荷马史诗中,杀人最多的被奉为英雄。英雄们是神的后裔,每个英雄都有自己的保护神,有的还因为禀赋特异而受到神的嫉妒,他们和神的唯一区别就是终有一死,但英雄与凡人的区别是,他们的生与死关涉某位神的意志。英雄之所以为英雄,关键在于他们知晓自己的命运,从不借口逃脱——《伊利亚特》与《奥德赛》的区别也在此——并甘愿承受一切,但会因非凡业绩而成为不朽。摧毁特洛伊城、灭绝依里昂人,不是凡人能决定的,而是天后赫拉的旨意,因此悲剧的动力机制是超验的命运框架,古希腊人传唱的正是这不可理喻的生命现象。奥林匹斯山上的众神即使是真理(必然性)本身,他们彼此之间也相互争吵,而凡人,具体地说是行动中的凡人,他只能根据手里的弓箭是否得心应手这样的事实,来领悟神的意志。

范例可以帮助我们形成一定的政治判断,史诗中的英雄不是历史人物,而是作为典范切入我们的想象力。阿喀琉斯穿越几千年依然能被今天的人们感受到,品味判断力让我们确信这位英雄的存在。重要的不是说他勇敢;他的勇敢不仅在于他受神的护佑,还在于他也会被神所遗弃,他知晓并欣然接受这两个相互矛盾的事实,但他自己不会自相矛盾,战斗是他唯一能做的选择。因此,在典范面前,正如乔治·斯坦纳说到自己阅读史诗的感受:"经典会问我们,你了解了

---

[1] 汉娜·阿伦特:《真理与政治》,见《过去与未来之间》,王寅丽、张立立译,译林出版社,2011年,231—232页。

吗,你负责任地重新想象了吗……你准备好以此行动了吗?"[1]

## 3 负责任地去想象

政治判断就是说我们与政治打交道的时候,概念性真理似乎不太得心应手。阿伦特试图在哲学真理之外,思考政治的可能性,提出判断力总是与事实真理在一起。尽管阿伦特未曾明确提到,但从她思考的方向上看,她已经将政治哲学与古希腊的诗学传统联系起来了。想象力制造了概念所排斥的幻象,这幻象的客观属性被保存、记录和描述。不得杀戮是真理,但事实却是杀戮伴随着历史,共通感不是说对悲惨的事实共同感到恐惧,恐惧会让人闭上眼睛,想象恐惧,为了免于恐惧让我们一起来信守真理。政治判断却是要永不停歇地与这个令人沮丧的事实照面,想象力可以制造出这个被称作客观幻想的对象,当灾难来临的时候,你可以庆幸自己不在其中,但你的想象力不允许你产生这种侥幸的想法。斯坦纳所说的"负责任地想象",正是这种从品味判断的官能性而来的政治判断,与真理一样,也具有某种强制力。这种强制力与知性认识的不同在于,概念不会带给你恐怖,恐怖情绪来自事实真理,这真理不用演绎法也不用归纳

---

[1] 乔治·斯坦纳:《斯坦纳回忆录——审视后的生命》,李根芳译,浙江大学出版社,2012年,23页。斯坦纳的回忆录以"an examined life"为副题,行文之中,学问知识与其生活经验相互缠绕,彼此盘问,向读者显示了这位人文巨匠怎样运用想象力和直觉,践行"检审"二字。

法，它像电影画面一样，占据你的意识活动，这个被占据的意识空间可以外显为政治空间。

像康德思考品味判断的可能性那样，阿伦特思考的是政治判断的可能性。想象力让人能够记忆，共通感让人设定了一个他人立场，正如艺术真理能被人汲取一样，政治判断就具备了理性能力之外的诗学力量。记忆和他人立场伴随，使得政治判断超越一己之见，记忆的顽固性自有其政治内涵，正如荷马所奠定的诗学传统那样，这表现在当人人面对悲惨事实都转过头的时候，有人不会放弃讲故事的习惯。阿伦特常常说他们那代人是大洪水的幸存者，幸存并不意味着大洪水退去之后，幸存就与洪水毫无关联，大洪水的事实真理被保留在人们讲故事的习惯之中。事实真理不是在理性形式中被论证出来的，而是在讲述之中，在回想之中，一次又一次地向人们显现出来。述说与倾听的行为存在，故事就存在。如果故事在冒犯常识，就会引发喜剧般的笑声，这大笑的动作就成了即刻的判断力，而人的愚蠢就在笑声中显形；如果故事触动了品味判断的共通性，那就会引发人的愉悦、反感、悲伤、恐惧等等心理活动，进而去思考那故事当中令人反感的恶行，毕竟那是人针对人的行为事实，不是恶魔针对人的行为，也不是人针对一块石头的行为。因此，与政治判断密切相关的正是这样的诗学经验，事实被想象力固执地保存下来，过去与未来汇聚在此刻，直面惨痛，与他人照面，在感受力的链条上建立起人的信心。

负责任地去想象，斯坦纳的这条人文箴言不仅局限于文学经典，也适用于面对所发生的一切。正如古希腊的行吟诗人荷马那样，他不会选择性记忆,也不会选择性失忆。作为品味判断的典范,当情感无法承受事实的严酷时,他吁请心中的缪斯女神,给他力量,把故事说下去。两部荷马史诗,贯穿其中最多的就是人神对话,用现代的理解其实就是人与自己对话。接受自己,接受事实,是人理解自身的唯一起点,是人最基本的责任;而撒谎无论基于何种理由,或者躲藏在美好动机之后,以强权的面目出现,即使可以掩盖扭曲事实,事实本身的强悍也会照见这脆弱性。阿伦特认为讲故事的人暗中对抗的是两种危险,一个是把已经发生的事实当成无可奈何的必然性,一个就是禁止记忆以便抹除事实。当人们说历史会评判一切的时候,当然不是指司法意义上的审判,历史学家其实就是那个讲故事的人。故事是说给众人听的,说者与听者暂且放下一切所谓的基于各种理由的对抗性,按照事情的本来面目去接受,然后你自己去判断,这正是阿伦特所说的人性事实的最后权利。

科学理性之后的公理演绎,似乎遗忘了这最古老的恳切的科学态度,在政治领域之内判断,坠入党派利益和意识形态的重重迷雾之中;再者,就政治而言,观念性真理是软弱的,能够改变现实的只能是行动,一旦行动,总会有人们不愿意接受的事情发生。政治冷漠已经成为普遍的现象,如果基本的生物性活动能够维持下去,政治就是多余的。还原这冷漠立场就会发现,冷漠出自人对自身性的故意遗忘。尤其在经过全权主义文化洗脑运动之后的社会,这洗脑也可能被理解为我被欺骗过,我不会为自身利益之外的任何事物所打动了,曾经的热切变成了对热切本身的厌恶,谁要再以道德情怀的名义来鼓动我，也不会起任何作用了。如此冷漠的微妙性就在于，这里还残存着微小的反思，但反思的结果不是思考我还能期望什么，而是变异成一种心如死灰的玩世不恭；这里也有判断，但判断的发生为逃避事实找到了理由，这里的事实是某种结果的衍生物，这事实就是活着，但不用去关心活在怎样的环境与世界里。

一旦从相信某种真理走向不相信任何真理，那么对于正在发生的一切，人就会出现官能性的障碍，不去判断，结果就意味着感知力从摇晃不定变成彻底麻痹。当然你也可以说，我愿意接受麻痹的自己，和麻痹共存，这样的说法从语义上也是矛盾的，因为麻痹是自我感知力、自我认识能力的丧失，但你知道麻痹这一事实本身，就证明你还没有彻底麻痹了。因此，就正常人而言，你可以回避全世界、回避任何人，但不能回避你自己，这是人的官能性所决定的人性事实。以此为奠基，我，感觉到我自身，感觉美味、愉悦，更为重要的是感觉伤痛，感觉阻力，感觉空气里令人窒息的东西究竟是什么。

归根究底而言，人即使被剥夺一切，也无法被剥夺感觉的权利，这权利与生命同在。而权利意识与感觉能力的保存、维系和练习密切相关。这样一来，阿伦特思想的两个主题积极行动与政治判断，就在不同的面向呼应着这样的基调，这就是"爱"。

认真对待自己，常常和自己对话沟通，愉悦自己的方式不仅仅是感官层面的享乐。人读一本书、听到一段好曲子、品尝到独特的美食，这是浅层次的愉悦。不要忘记纳粹党徒也会这样愉悦自己，他们也听巴赫、读荷马，但这样的艺术欣赏不会形成他们对自身的判断，正如艾希曼所承认的那样，他只通过接受命令来认识自己，但他们忘记了巴赫的悲悯和自己的关联，忘记了史诗中的英雄也有对神意的不屑。愉悦自己在更深的层面必然包括认识自己，在这样的过程中所发生的那种出自判断的愉悦，已经从感官的直接刺激走向了意识觉醒。在此，康德所说的品味判断是独自完成的，如阿伦特所说的孤寂之中的独自思考，不需要别人的参与，没有原理和概念，但这独自思考得借助想象力的翅膀，这独自经由想象力变成了你和你自己，在史诗中是人和神，在历史学家那里是现在和过去，因此判断才将我们从盲目与听命的残缺之中解救出来，获得人自身的完整性。

品味判断能够帮助人走向自尊，尊严不是外部力量能赋予的，外部力量最多能帮助你维护尊严，但不能产生尊严。一个有自尊感的人，不可能忍受自己活在猪圈里，这种求好的心态必然会要求好的环境、好的社会和好的世界，和他人一道，共善同好，这也是中国传统文化中所说的君子能兴能群。"兴"是想象的能力，感知的能力，与自己对话的能力，"群"就是与伙伴一道共在共存，能兴能群就是有条件做出政治判断、具备政治能力，而按照启蒙思想的巨擘康德的意思，此话则可以反过来理解，即能兴能群的真君子，就是普遍摆脱蒙昧、独立思考的现代人。

"你负责任地想象了吗？"乔治·斯坦纳接着问"你准备好如此行动了吗？"那么就从爱自己走向了爱世界。尽管理论上无法论证大屠杀会不会重演，大清洗会不会再次发生，但对于已经发生的一切，都在记忆里。记忆的政治属性与感知力相关，回想、记忆然后接受，接受的是你无法接受的事实,明确这一点非常关键。无法接受但的确发生过,既然无法接受,就意味着人不能和自己矛盾,再次去接受不愿意接受的事情重演,于是逻辑推论里的偶然性和必然性不会帮助我们免除责任。试着去阻止、去改变、去创造、去着手做一些事情,阿伦特所说的政治—积极生活就联系起来了,因为想象力和共通感所孕育出的政治判断,总是会让人们趋向于在糟糕的世界中去争取小小的胜利。

谁也无法事先告诉我们政治生活的具体内容,但政治生活已经在爱自己和爱世界的方向上展开了,它以这样的面目来到我们面前,阿伦特写道:"那种处在我们同伴当中,和我们的同伴一起行动,公开展现自己所带来的快乐与满足;那种让自己的言语和行动切入世界,因此获得和保持了我们人格同一性,并开启了全新事物的快乐和满足。"[1]

---

[1] 汉娜·阿伦特:《过去与未来之间》,246 页。

# 第二章　政治废墟上的考古学

## 一　逃避政治与逃避灾难

政治现象和政治活动,是阿伦特思考的两个主题,而政治是什么、政治的实在或者有关统治的知识,显然不符合阿伦特关于20世纪重大经验的感受。她在知识的边界处工作、思考和练习,发现那些政治活动中独有的生生不息的内容,裹拥着世界,而不是一般意义上的拥有世界。世界并非现成之物,现成之物是可摧毁的,所以要思考20世纪的经验,就必须首先持立于荒漠之中。尽管战争制造了废墟,但废墟里有人们的活动"遗迹",而作为革命和战争的遗迹,成了最一般的20世纪的经验。在阿伦特1955年的一次讲演中,"荒漠"所喻指的就是二战结束和全权政府垮台之后的政治现象,这一现象为现代性进程所遮蔽,与其相伴随的则是西方资本主义世界体系的复苏,并全面跨入消费社会。让人不解的是,她为什么偏偏在人们赞颂的和平富足的现实里,看出了"荒漠"的影子?

## 1 言说和行动

超感官的"荒漠"就矗立在人们对"政治的偏见"之中,如果将所经历的灾难理解为政治的结果,那么阿伦特反而强调灾难恰恰是逃避政治活动的结果。我们发现,这里出现了"政治"和"政治活动"的差异,前者是被某种力量所垄断的领域,而"政治活动"则是人间事务,这是最古老的活动,"如果言说和行动是两种重要的政治活动,那么差异和平等就是政治体的两大基本要素"。[1] 但她在这里所提到的差异,指实存意义上的男人和女人基于性别的绝对差异,而不同于种属概念的变体,这个差异共同归属于"人"的概念,而不是从整全(One)的理念中复制出来的。

这样的表述很难与现代人对"政治"的理解产生共鸣,当人说"政治"的时候,国家概念首先冒出来,然后是程序上的"议会民主",政治是专属于某些人的一种职业,而想要"政治"一下的"人民",仅仅在投票机面前显形。"把权力关进笼子"之后,人们一劳永逸地解除了政治所带来的纷扰,专心从事生产—经济活动,并享受免于政治干扰的

---

[1] 汉娜·阿伦特:《政治的应许》,杰罗姆·科恩编,张琳译,上海人民出版社,2016年,66页。

私人生活。在阿伦特看来,当政治、国家和政府三者不再有区分,并服务于社会领域时,恰恰是政治消亡的时刻。如今,现代性批判所构成的知识谱系庞杂而耀眼,法国哲学家拉图尔总结道,围绕着社会经验,超验性和内在性构成批判的尺度,而"批判"从康德哲学的独有内涵简化成了"控责"和"归咎"。[1] 从政治角度来说,拉图尔认为,霍布斯的主权论是按照严格的数学定义,将公民当作非历史性的数学集合,就是说在一种科学语境中,公民的限定语是"纯然计算"(naked calculating),那么现代主权就如同自然科学实验室中制造出来的产物,霍布斯的直接用语就是一台机器脑(mechanical brain),这和布莱希特定义的"党"有相近的含义,即"党"就是那台红色电话机。

悖论性是康德安插在启蒙话语中的强大思想引擎,现代性批判从一开始就内在于现代启蒙话语。当社会批判理论从辩证法的基座上升起的时候,阿伦特所说的 20 世纪两个重要的政治现象——战争和革命,集中营和大屠杀,制造了理论上的紧迫感。"启蒙辩证法"合理演证的结果,就是至今人们普遍接受的"大屠杀和现代性"的内在关联,即以现代知识形式和现代化的手段来反现代。之于政治经济学,反现代等同于反资本主义体系,于是"现代性"自身成了悖论的标记。哲学悖论的有限性/无限性,被社会经验为"现代性"的精神分裂

---

[1] 布鲁诺·拉图尔:《我们从未现代过》,刘鹏、安涅思译,苏州大学出版社,2010 年,50—53 页。作者在本书中总结现代性批判理论所包含的神、社会和自然三个元素,超验性和内在性在这三个元素之间滑动,非此即彼、相互拒斥。而霍布斯打造的利维坦其实就是一个财产共和国,政治话语和经济学话语重合。阿伦特在《极权主义的起源》的"帝国主义"章节中,论及霍布斯时,她的表述为:这意味着政治行动的终结。

症。但令人诧异的是，政治哲学的兴起，似乎一直偏离现代性批判的大合唱，不管20世纪的政治哲学研究者们的立场和方法有多大的差异，一个共同的特征就是，将政治概念和社会概念严格区分开来，为政治的消亡探寻起死回生之路。

阿伦特显然属于这样的思想家群体，但她的起点不是政治本体论或一种带有探索性质的政治科学，她的起点来源于胡塞尔现象学的一个重要术语——"生命世界"。海德格尔把这个术语区分为存在意义上的和存在者意义上的，两个世界相向而行。但阿伦特是在开端（arche）、发动意义上，思考生命和政治的本原。"出生"本来就是一种纷扰，冲入一个既定世界的同时也带来新的可能性，而哲学家们理解的政治俗务对沉思生活反而造成干扰。在政治思考中，冲入世界还意味着"新生命"诞生于人群之中，复数的人和单数的人的区别，也是政治思考和哲学思考的区别。在世性来源于诸生命的开启和一代又一代人通过行动创建了什么。"世界"是在人们之间建立起来的，"爱世界"不是保护现存世界，"爱"是动词，之于阿伦特自己定义的政治内容，仅包括言说（logos）和行动（vita activa）。《人的境况》一书强调的是言说能力和行动能力。言说的典范是阿伦特推崇的荷马；积极行动除了对应于亚里士多德所定义的活在某种统治形式中的"政治生活"之外，这个拉丁词还出自奥古斯丁所理解的城邦公民生活。[1] 为什么政治与一个希腊词（logos）和一个拉丁词（vita activa）相关，如果从海德格尔重新阐释过的"逻各斯"来理解，荷马史诗的言说，何尝不是"把纷然杂陈者置入一种相互归属的境界，于协调之中，让相互排斥者保留在紧张的锋利状态"；另外，海德格尔在有关莱布尼茨的讲座中，提到一种实体性的积极的行动力（vis activa），其带有自发性，是经院哲学中一种神秘的质，这个"力"的概念反映出现代科学无法思考自身的存在论问题，[2] 相应的问题就是有关政治科学的知识如何指向自身，而不是作为对象性的存在，从而制造了两种令人绝望的对立，即思考—行动和实践—理论。因此，阿伦特的政治思考和写作就处在这个自反和回撤的位置上。现象学方法是重新找回那些裹拥着诸政治概念的被遗忘的鲜活经验，而不是因表面化

---

[1] 伊丽莎白·扬-布鲁尔：《爱这个世界：阿伦特传》，孙传钊译，江苏人民出版社，2012年，355页。The Human Condition 是英文版的书名，该书的欧洲德文版书名，阿伦特当初起了两个，一个是 Vita Activa oder vom tätigen Leben, vita activa 即积极生活，另一个是拉丁文 amor mundi，即对世界的爱，以此回应"contemptus mundi"（对世界的沉思）。这也是阿伦特对奥古斯丁基督教语境中的"自爱和神爱"的政治学转化，最早的线索见于她的博士论文《爱与圣奥古斯丁》，"爱世界"可以看作她对奥古斯丁关于爱的秩序主题的现象学和存在主义解读所获得的结论。至于言说，和逻辑学之前的修辞术有关，后者涉及政治的实践智慧，即自由意见，阿伦特认为古希腊哲学发现了 logos 的这种自主性。参见《政治入门》，选自《政治的应许》。Hannah Arendt, Love and Saint Augustine, ed. J. V. Scott and J. C. Stark, The University of Chicago Press, 1996.

[2] 海德格尔发挥了单子论，这神秘的质，和物理学中作为量的规定性的力和能不同，单子本身就有冲力，冲力和冲力的实现活动不可分，和实体性问题相关，而表现样态或形式上的活动，则是从派生的。其实阿伦特尽管不关心本体性问题，但她对政治概念的新颖洞见已经处在这个问题中了。参见海德格尔：《从莱布尼茨出发的逻辑学的形而上学始基》，赵卫国译，西北大学出版社，2017年，109—120页。汉语书名中的"出发"，还显现不出对应德文 Ausgang 的意思，其指输出、冲出、冲力，说的是单子"没有窗户"，只有冲出而没有流入。重新理解 logos，参见海德格尔晚期的《形而上学导论》，熊伟、王庆节译，商务印书馆，2014年，134—138页。

而变得激烈的意识形态之争。作为灾难的幸存者,阿伦特要去探寻的是,言说和行动力的丧失,如何让"世界"变成"荒漠"。

《极权主义的起源》是言说作为行动的明证,[1]一个艰巨的工作开始了。关于书名,阿伦特自己是很不满意的。针对"全权主义"这一史无前例的政治现象到底该做一种理论化的探究还是历史学的描述,在1945年开始孕育写作计划的时候,显然这两种方法都不适用。在给基金会提交研究提纲直至英文版问世之前,阿伦特曾拟定过的书名包括《耻辱的要素——反犹主义、帝国主义和种族主义》《地狱的三大支柱》《极权主义的历史》和《我们时代的重负》,可见是一种强烈的悲愤和恐惧的情感驱动着写作行为。我们知道,20世纪之前的政治思想史上并不存在一个叫"全权主义"的术语,因此,一种强烈的紧迫感所支撑的写作行为,就具有了一定的道德意味,承担起灾难的重负。"发生了什么?为什么发生?怎样发生的?"正是这三个平常而普通的问题——面对这陌生又异常的现象,任何心智正常的人都会这样问——启动了阿伦特的政治写作,并拉开其后更为广阔深远的

---

[1] 我更愿意把《极权主义的起源》看成是三本书的合订本,《反犹主义》是对现代犹太人政治处境的精微描画,显现出阿伦特一贯的思想风格,即在二元对立性之外的一种思想探险或练习,这样的思考是针对"正在发生的事情"即特殊事物做出判断,这和她生命最后对康德"审美判断"的政治性探究一脉相承。而《帝国主义》则开启了她对现代难题的思考,或者可以把这部分当成《人的境况》一书的前奏,从资本主义经济扩张到布尔乔亚的国族认同,从"人权困境"到"人的境况",显现出政治现象学的特点,或者一种关乎生命—命运的戏剧式表达,这些问题会在本书后面的章节进一步探讨。此章节主要探讨阿伦特关于《极权主义》中"怪物"的独特见解,其所引发了怎样的争议,这些争议究竟和什么相关。

思想帷幕。阿伦特是根据写作过程中不断接触到的新材料,最终考虑到"集中营"是纳粹的统治基础,才采纳了这个术语。

这本书的架构存在明显的学术缺陷,全权主义部分仅占不到三分之一的篇幅。阿伦特自己在1966年第三版前言中有所提及:作为元素性的反犹主义、帝国主义和种族主义,在逻辑层面并不能构成全权主义的因果链,她的目的是要探讨作为这些元素结晶体的全权主义是如何呈现的。关于全权主义并没有一个概念上的明确定义,阿伦特的考察范围仅仅包括魏玛宪法破产后的纳粹运动,以及希特勒政权等。其中暴民、秘密社团、秘密警察和集中营,作为现象性特质被标画出来。但反犹主义、帝国主义和种族主义三个元素在"全权主义"的分析中,产生了一种结晶现象。与齐格蒙德·鲍曼所说的"化合物"不同,阿伦特采用了"结晶体"的说法:"诸要素本身恐怕不能成为任何事物的原因。它们结晶成固定的明确形态的时候,才成为各种事件的起源……事件搞清楚了自身的过去,但是,过去绝不是由事件诱导出来的。"[1] 结晶体—事件的说法来自本雅明的《关于历史的概念》,[2] 涉及莱布尼茨单子论中的时间观。"事件"是连续性时间链条断裂的征兆,从而与一般的因果论区别开来,结果并不包含原因。从自然科学中挪用过来的社会学研究方法,不一定适用于对"全权主

---

1 汉娜·阿伦特:《爱这个世界:阿伦特传》,224页。
2 本雅明的《关于历史的概念》是名篇,阿伦特是本雅明手稿的保存者,还主编过本雅明的书《启迪》,关于历史和时间问题,见 Walter Benjamin, *Selected Writings*, ed. Michael W. Jennings, volume 4, 1938—1940, Harvard University Press, 2006, p. 396。

义"的分析,尤其不适用于政治学方法。社会学家鲍曼在《现代性与矛盾性》中详细论证过纳粹"科学地杀人",及其权力工艺的"造园术"蕴含着医学、人种学、生物学和优生学等大量的现代知识,其落点保持在现代性批判的立场上。社会科学中的分类法基于功效,但在政治学这里,具有相同功效的事物并不属于同一类,这就是为什么阿伦特将全权主义和独裁区别开来,这几类政体都具有暴政的功效,但其结构性的元素和功能、内容和指向则有差异。关于"全权主义"的分析,因其书中涉及大量的历史内容,诸多内容和历史事件之间并没有一个紧凑的逻辑链条,将它们统一到一个明确的政治观念中,甚至也没有一种清晰的政治立场,来担保人们以既有的意识形态辨识作者的用意。因此这本书的批判声音来自两个方向,一个就是科学方法论的欠缺,一个就是事物定性模糊。就是说"全权主义"的本质究竟是什么呢？使得"全权主义"在今天依然像怪兽一样,成为人心理上的恐惧对象。"怪兽"不是自然之物,它诞生于文明内部,伴随着经济扩张的过程,是政治生活崩塌后的政治产物。[1]

## 2 立场表态和政治判断

和一般对"全权主义"的理解不同,阿伦特并没有把这种政治现

---

[1] 参见《帝国主义》结尾,自汉娜·阿伦特《极权主义的起源》,林骧华译,读书·生活·新知三联书店,2008年,395—396页。

象看作自由民主的对立面;再者,如果是"文明内部的产物",文明/野蛮、人道/反人道的区分显然无效,在一篇未公开的演讲中,阿伦特甚至把全权主义的源头追溯到欧洲的启蒙运动,真正的危险不是人道的沦丧,而是"人道主义和现代世界没有关系的危险"。[1] 全权主义并非作为概念界定,而是作为凝缩的事件,引发了现代世界的诸多难题,那么基于这个事件的左右立场,只能导致所有政治判断的贬值。社会、文化和历史批判恰恰表明政治的萎缩,因此阿伦特的政治思考不同于泛化的现代性批判,与阿多诺和霍克海默的《启蒙辩证法》不同的是,后者在文化左翼的运动中得到发扬,其标志性的结果就是欧美 60 年代的文化政治运动。尽管泛化的现代性批判阵营中的激进左翼如齐泽克,把纳粹运动遭遇的挫折看成是反抗现代性—资本主义的失败方案,但其后的社会运动所对应的是启蒙逻辑的普遍性,并将此分解为两种政治现象:一个是国家层面的意识形态对抗,另一个是身份文化运动所推进的人权理念。阿伦特之于后者的反应是冷淡而迟钝的,但意识形态对抗在她看来,是一种政治贬值之后的结果。

二战结束,随之而来的就是美苏之间的冷战,欧美社会同时进入经济繁荣和消费时代。当代哲学家齐泽克认为"全权主义"一词成了

---

[1] 见《爱这个世界:汉娜·阿伦特传》,247 页,注释 28。

自由民主社会的"抗氧化剂",[1]意识形态对抗制造了一种诡异的氛围。阿伦特早在一份《极权主义的起源》的写作计划书里就意识到,全权主义政府依赖的是恐怖和集中营,彻底摧毁了自由的民间社会。因此,全权主义运动区别于历史上任何统治类型,首先,令人窒息的"无世界性"(worldlessness)状况是政治消弭的结果,任何人与人之间的自发性联系都被铲除,由政府权力所主导的运动全面取代了在众人之间的自由活动;其次,这和"平庸之恶"的"无思"(thoughtlessness)状况相对应,任何道德层面的自主意识一旦产生,就会成为被清除的对象。从荒漠的死寂中产生的群众运动,并非政治性的,它像自然灾害一样席卷一切,没有谁可以幸免;最后一点是"无人"的状况——这和有无人性是两回事——全权主义运动的亲历者很少有公开忏悔的,忏悔是个体的标准。如果组织结构瓦解了,从这个结构中脱落的零件如沙尘暴的沙粒,沙粒该如何承担灾害的责任呢?阿伦特把运动组织看作一个洋葱结构,中心是领袖—空符,洋葱皮还存在内外两面的反应机制,显现为宣传、号令和文件中的含混表述,让歧义在组织之内和组织之外自动生成。这表明不是一个人

---

[1] 显然,阿伦特和齐泽克的立场都站在了现代性批判及意识形态对立之外,但齐泽克认为阿伦特的成功就是激进理论的失败,他戏称自己是"斯大林主义者",对抗虚假、怯懦、犬儒的现代主体。他将来自临床经验的精神分析理论,非常精辟地用于剖析斯大林政权,但有一点必须审慎处理:精神分析理论中的个体与齐泽克所说的"政党自杀"的政治体之间的区别,以及作为哲学概念的主体性批判和经验事实中的大清洗,神经症脱胎换骨的新自我和受制于某种政治力量的群众运动之间的差异,就政治哲学而言,问题的核心是:究竟什么是政治行动?见齐泽克:《有人说过集权主义吗?》,宋文伟译,江苏人民出版社,2005年。

在统治，而是既神秘又公开的组织，"组织"像头怪兽，你不知道它在何时会吞噬掉谁，"所有的人根据组织来思考一切事物和一切人……领袖也不是一个永远的人，而是这类组织的结果……是一种功能"。[1] 但是否需要运用弗洛伊德的变态心理学来理解全权主义，如霍克海默和阿多诺所认为的那样，[2] 阿伦特持保留态度，她仅仅把心理学理解成某种安抚个体创伤的手段，会让人丧失感受痛苦的能力，而感受力的丧失，会让人背对世界，也就是说因为恐惧而逃离世界，也就逃离了政治。和"世界"概念相区别的是社会，而社会是一个非政治的领域，人们基于各自特殊的利益集结在一起，一个明显的标志就是我们今天习惯用"经济体"取代"国家"的概念，用公司行为取代公民行为。

以主权国家为度量单位的政治行为里，政治判断终究难以逃脱意识形态立场。当意识形态作为思想武器取代军事武器的时候，另一场战争接续而来。冷战难道不是持续依赖某种对抗性的恐怖，来逃避政治吗？但抵抗政治的确成了战后的主流，关于抵抗什么，美国自由知识分子认为他们在抵抗全权主义和社会主义（在自由市场论者那里，这两者有时可以相互置换，以哈耶克和波普尔为代表）；欧洲的知识分子认为他们在抵抗美国霸权（基于战后势力瓜分和正在兴起的消费主义，以萨特为代表）——将霸权性的封锁和干预等同于潜

---

[1] 见《极权主义的起源》，492页。
[2] 霍克海默、阿多诺：《反闪族主义元素》，见《启蒙辩证法》，林宏涛译，台北：商周出版社，2008年。

在的全权主义——从而把同情心留给了当时的苏联;学生运动在抵抗文化权威,"要做爱不要作战"的口号中包含着对政治的厌恶和逃离。但这一切和阿伦特所理解的政治完全不同,政治的本原被人们忽略。战争和革命带来的沙尘暴,将政治荒漠中幸存的人们推向私人生活的领地,60年代女权运动所奉行的"私人的即政治的",与"公共生活"的概念相抵触,完全不在阿伦特的关注范围之内,因为她一向坚持私人性的情爱或友爱生活里没有世界的面庞。由此看来,意识形态斗争在三个面向上如幻影流动,尽管阿伦特一再遭诟病的是缺乏对俄罗斯历史和马克思列宁主义的知识性了解,指责声音的背后其实是知识谱系中方法论的差异,但今天看来,因系统性而隔绝的专业知识储备和恰切的政治判断没有直接关联。一方面,她失望地观察到,外交事务左右着人们的政治理解,相应地,她对美国国内的反共热潮保持警惕;另一方面她接受学术界的批评,转向对马克思的阅读。显然,我们并没有意识到,她的马克思研究成果、她和马克思的潜在对话出现在1958年出版的《人的境况》一书中,给全世界的读者带来了一种全新的政治视角。

二战以后的欧陆和美国知识界,政治情绪震荡的中心有个"全权"怪物,但双方所指认的对象有所不同。对处境意识高度敏感的阿伦特,和这两者的判断全完不同,这个立场在第三版《极权主义的起源》前言中再次得到强调。她的根据来自康德在《判断力批判》中针对下判断和应用判断所做的严格区分：下判断和应用判断是两回事。[1] 下判断针对特殊的新现象，即可说出好坏，与知性判断运用原理，从庞杂现象中锁定对象的做法不同的是，前者处在纷杂的现象界，与既定的意识形态完善性想象没有关系，更何况其中掺杂了个人偏好。直到晚年阿伦特才将这种独特的判断力和政治思考联系起来。但行动先于思考，行动携手判断。在冷战的诡异气氛中，判断行动比学术性思考更加有力彰显了思想家的道德勇气，判断总是和过程性的事物相依相伴，而不是站在世界之外，通过意识形态光谱中的国家行为去描画一个更好的世界。

## 3 意识经验和意识形态

阿伦特在《极权主义的起源》1966 年第三版中增加了作为结语的"意识形态和恐怖"一章，似乎想在此重申全权主义现象的独有特质，依然保持了她一贯的无方法论的方法。她对"意识形态"的理解超出了一般的观念论证明，拒绝观念论与经验隔绝的那自成系统的自我阐释。严密的逻辑推论是智性生活的特质，但当"意识形态"和绝对权力产生结晶作用的时候，或者被当成工具加以利用的时候，意

---

[1] 阿伦特对康德的阅读是政治性的，她非常熟悉对康德"先验感性论"的现象学读法，后者一直贯穿于她的思考和写作中，她晚年的《康德政治哲学讲稿》抓住的"common sense"这个命题，饱含了她一生所致力的事业，就是要把孤绝的靠近真理的哲学拉回 polis，即城邦、城市、人群共栖之所。关于下判断和应用判断，见 Kant, *Critique of Judgement*, trans. J. C. Meredith, Oxford University Press, 2007, §16。

识形态才扭曲变形成可怖之物。"自然"和"历史"两个概念同时纯化为"科学观",以席卷一切的力量自证其明。首先,不是"意志的胜利",而是全能真理的胜利。"科学观"进而以带有"主义"后缀的意识形态呈现,占据了总体性知识的位置。知识不仅仅是知识了,政权在推行这种全能真理,扰动死气沉沉的现实。其次,官能性麻痹障碍,对事情本身丧失感受性,任何举动或者人们的任何活动背后,总隐藏着什么不可告人的目的。再者,任何经验都被提纯,被整合到了绝对化的受官方认可的意识形态逻辑中。在此,在学术层面关于意识形态的研究非常丰富,其中具有代表性的是阿尔都塞的成果。[1] 受精神分析的影响,他认为如果恐惧和爱/恨是个体基本的心理结构性元素,作为意识活动的基座,那么意识形态就从一般观念论扩展为精神结构中的重要一环。意识形态不是像房子一样,人可以出出进进,人总是处在意识形态之中,而意识形态之下隐匿(imprison)的想象——镜像维度,这成了他解读马克思的重要的方法,并在这个意义上与政治生活的精神性诉求相关联。但想象力政治的建构,还需要其他的前提性准备。

从马克思到卢卡奇,为应援无产阶级斗争的需要,德国观念论沿着政治意识形态之维推进,即"批判的武器"。但在阿伦特这里,我们不应该忽略她的一个重要学术背景,即现象学。意识形态是意识经

---

[1] Louis Althusser, "Freud and Lacan", in *Jacques Lacan*: *Critical Evaluations in Cultural Theory*, Volume Ⅲ, society. politics. ideology, ed. Slavoj Zizek, London: Routledge, 2003, p. 59.

验的普遍化，但前提是意识经验的官能性功能没有被强力扭曲，事物自身的神秘性也好，现象的神秘性也好，必须经由个体的想象力和独立的思考能力，去建造精神的秩序。如果有一种叫做现代意识的事物，那就是意识经验的聚合形态和意识形态的观念之间的差异，让我们必须去关注因果律之外的过程性的真实经验。如果非要给全权主义定性，阿伦特说其驱动原则是"恐怖"。但这个表述依然模棱两可，显然这个说法来自孟德斯鸠：专制依赖的是"对统治者的恐惧"，君主制依赖的是荣誉，民主共和制依赖的是精英的德性。但考虑到单一意识形态的全权操控，这里的"恐怖"也不是霍布斯描述的所有人对所有人的恐惧，因为其中还存在自然体能的差异，使得人的较量成为可能。当这种自然状态下的悲苦纯化为笼罩一切的恐怖的时候，没有人可以幸免，包括杀人者与被杀者。意识形态纯化为一种自然威力般的巨大能量，并非如康德所说的那样激发起人的道德能力以此回敬自然。行动原则和人的意识脱节，孟德斯鸠的动力型原则还是一种固体力学层面的运动关系的量，并在人的意识中有种指引性的满足感。即使是专制中的恐惧，人因对统治者合法性暴力的恐惧，出于自保而服从专制，还能为服从找到最低限度的本能性因素，那就是人知生死。正是在"意识形态与恐怖"这个新增的章节中，我们可以找到阿伦特一直以来的政治思考。全权主义作为极端变态的政治样本，可逆向侦测出政治科学中纠缠不清的元素和问题扭结，一旦政府行为挣脱了法的限制，直接鼓动掀起席卷一切的风暴，那么政治行动该如何理解？如何纠正人们在全权主义印象中所累积起来的对政治的恐惧与逃避？

因而，阿伦特从她身处的美苏冷战氛围中观察到：战后的民主国家对全权主义的政治理解如果还停留在意识形态层面，认为是资本主义和社会主义的水火不容，那么所有的灾难就并没有带来洞见。关键的问题是：对意识形态的极端信仰，不足以解释为何在外交方面意识形态对立的国家之间的合作——阿伦特提到的例子是明理暗里和纳粹签订协议的欧洲国家——既可以为了暂时的政治利益，也可以为了某种紧迫的经济利益。当然这只是对利益原则的利用，就纳粹德国而言，通过暂时性的利益作为手段达到其最终的全权统治。令人不解的是全权主义并非功利原则的对立面，也不是宽泛意义上的自由主义的敌人。面对这一全新的政治现象，在传统政治学和哲学的核验器都失效的情况下，阿伦特发明了一个奇怪的术语——"超意义"（supersense）的全面统治，来描述自杀性忠诚、割除病理器官式的杀戮，以及集中营权力工艺所制造的人面动物。"超意义"如同既定"意义系统"的内爆，所有的常识性观念对此无能为力。当我们说常识的时候，自由主义预设一个不言而喻的前提，即自保自利、趋利避害的个体。最低限度的人性如同安全防护栏，确保人不会发疯做出自我戕害的行为，但是，全权主义运动在制造沙粒，集中营在制造医学意义上的"病毒"然后再杀毒，就是说加害者和受害者的非人状况，让任何审判与人道指责无据可依。那么"超意义"在一定程度上反应出以往的"理论工具"的不足，沃格林认为阿伦特尽管超越了意识形态和党派之争，但他对"人性实验室"和"改造人性"的说法感到震惊,他认为这是虚无主义所带来的智识混乱,正是现代的精神疾患。[1] 到底有没有一种关于精神现象的知识来抵抗全权主义灾难,沃格林把现代以来的所有政治—精神现象诊断为"诺斯替主义","憎恨神灵"从而导致神圣维度的丧失,他称之为"精神疾患"。[2] 沃格林感到遗憾的是作者没有给出一种明确的理论方法,或者学术性的贯通的线索,来处理全权主义问题。而阿伦特的工作方向恰恰与此不同,潜伏在政治现象之下的精神性根源显然不是她思考的主要对象。在对沃格林的回应中,她隐约提到了自己的方法,认为实存和本质的关系在西方传统中没有那么简单,暗示自己的学术背景是现象学和康德哲学。康德的思辨背反是心智层面的活动过程,而全权主义的奇异现象、恐怖事实,其背反性形态则包括无神论和造神运动、天堂救赎和地狱景观,非人化的人的活动彼此互现,对此要予以理论化的理解。除了辩证法,看起来几乎无路可寻。但有一点是确定的:"灵魂丢失"和人性沦丧只是对结果的描述,"文明衰落"和"历史进步"只是同一嗓音的不同调子而已,"古今之争"里的"德性"成了"永恒人性"的变式。所有围绕着"现代"进行的反思性批判,从认知效果来看,仿佛成了类型之争。

---

[1] 阿伦特彻底拒绝一切形而上学,包括神学及其演绎的永恒人性,她回到 polis(城邦—政治)的思想立场,同时又对疏离于 polis 的 academy(学园—学术)保持警惕,其所谓的"希腊情怀",与其同时代的两位政治哲学家列奥·施特劳斯和沃格林所指向的内涵也有所不同,在这个意义上可以说阿伦特的政治思想是非常激进的。沃格林和阿伦特当年在《政治学评论》杂志展开争论的文章,见《现代危机——政治学评论 1939—1962》,詹姆斯·麦克亚当斯编,曹磊译,新星出版社,2012 年,253—254 页。
[2] 沃格林:《没有约束的现代性》,张新樟、刘景联译,华东师范大学出版社,2007 年,37 页。

因此，从沃格林对阿伦特的质疑中，我们恰恰可以获得政治哲学另外的思考路径。学术训练所处的知识系统需要一种想象力的介入，想象力的赋形能力只能运用于全新的现象，并碰触到了既有知识的边界，一种极限状态下的思考同时也是一种"精神训练"，任何参照和对比，都没有为知识系统增添新的活力。触及"现代危机"，就是触及这种极限，这不是非此即彼的弹跳动作，"危机"甚至很难成为思考对象。在"危机之中"就是置身于"现代之中"，这不是价值选择的问题，也不是观念的斗争。观念以主义的形态在我们的意识中出现了裂隙。政治思考的现场常常出现这样的裂隙，当阿伦特论及公民自由被毁灭的时候，并不意味着她是"自由主义者"；当她批判常规的"现代性问题"，即整个资本主义体系的内生性问题的时候，并不是说作者的立场就是"社会主义"的，如果全权主义是现代性的终极版本，她在回应沃格林时却直言：一个实证主义者、一个自由主义者绝对不可能成为全权主义者。

## 4 何谓"主权难民"

阿伦特一再强调的其实是悬置概念规定性的现象学描画方法，先弄清事实范围里的结构性因素，那些过程性的元素是如何被制造出来的，比如"多余人"恰恰是帝国扩张和资本主义进程的产物，或者如拉图尔指出的那样，严格数学集合意义上的公民从来没有出现过。主权默认的人权在民族问题上制造了主权难民；当政治成为经济活动的影子剧场的时候，经济领域的生产活动覆盖整个公共领域的时候，数学模型的经济学运算里一定有盈余数，不管是在国民经济统计学中，还是在民族国家的人权辨识中，总有不算数、除不尽的人被排斥在所谓的价值或意义系统之外。一方面，丧失"国籍"就面临丧失人权，另一方面，经济状况衡量着个体的尊严程度。这些恰恰是文明制度内部的产物，或者更确切地说，人道主义光辉及其阴影，人性及其阴影，这些相生相伴的元素是结构性的，不可能在现象之外得到理解。我们不能跳开自己的影子，直接从超验的神圣维度索要人性。

当现代性批判把一切困境或灾难笼统地塞进资本主义体系的时候，政治哲学另辟两种路径，一种是逆向的古典主义，一种就是正向的激进主义，但两种智识方案都受制于现实层面的现代主权国家。关于17、18世纪主权国家的政治发生学理论，从霍布斯、卢梭到洛克，尽管他们在理性构造中所处理的关键性难题存在差异，但契约论如同自然状态和政治（文明）状态之间的安全扭结，开启了现代时刻。立约和守约作为理论行动，让法的实践成为政治判断的根据，而"法"则是"约"之后的技术性手段。三位演绎"契约"的思想家中，只有卢梭告诉我们，"契约"是有期限的。[1] 这个初始的启动程序包含着非

---

[1] 关于人与人之间的事物，不可能漠视经验，理性主义者偏爱的确定性和绝对性，其影响来自自然科学，就是说在一个科学模型的外衣下来应援契约论者置身其中的现实政治难题，在这个意义上说，政治哲学总是处在"永恒现在"的位置。卢梭认为，没有建基能力和政治活力的民族，可以争取自由却无力恢复自由，他们需要的只是主人。政治活动表现在"自然状态"中的天真无畏的立约行动，这如同弗洛伊德在《图腾与禁忌》中描述的弑父故事与权力起源的心理考古学，不是太初有道，而是太初有为。初始程序和法的程序是两回事，立约和守法之间存在永恒冲突。卢梭：《社会契约论》第二卷第8、9、10章，《论人民》，自《卢梭全集》第四卷，李平沤译，商务印书馆，2012年。

稳定性,这种对立性的基座让我们没有理由忽略,作为心理实存的人满足心理需求的手段和社会生产致力于满足需求的手段不同。因为理性不可能完全罔顾人的实情及其共在性,而正是在不同于动物性满足的激情(pathos)这一基座上,共同生活才成为可能的。在此,精神分析的力比多(libido)经济和社会经济结构共在,担保资本—父权的"俄狄浦斯情结"作为扭结,在"哈姆雷特"那里就松散掉了,因为在采取任何行动之前,这个现代主体第一文学形象都有理由予以否决,顺从和违逆相互抵消。随后政治思考的范围就从其主权—契约出生之后的现象中予以辨识了,良好政治等同于良好秩序,更不用说今天人们已经习惯了的标准:良好经济体就等于良好政治体。从理论形态上看,现代政治诞生的时刻本身如同制造了一个裂隙,而契约论是这个裂隙的理论记号,或者自然状态中普遍恐惧的凝缩点。用精神分析的话说,裂隙—伤口上的扭结(弗洛伊德认为是元父—父权)担保了语言—象征系统的意义周转。神经症是意义系统周转不灵的产物,它们掉进了裂缝中。那些被理性拦截、排除在外的事物,就会以某种方式回归,这时政治仿佛又重回出生时刻,既有的政治秩序被废止,这种偶然的必然性内嵌于人的世界,如同政治秩序偶然地诞生于人类的自然秩序之中,毁灭与创造不是选择的结果,而是说仅有政治性创造才是避免毁灭的唯一行动。

在政治之中,人显示自身,人们聚集才有权力的产生,政治行动恰恰就是起源时刻的重现。显然,阿伦特在"艾希曼审判"现场没有找到她所坚持的独有的那种"政治体验",审判所宣示的悲痛情绪让她感到失望,人们从政治之中溜走之后,似乎才获得某种政治性结果。清算行为的度量单位依然是"主权国家",理性法庭的眼光辨认不出具体个人的复杂经验,此时的荒谬在于艾希曼所面对的是一个犹太人组成的新国家,他也认不出对方,就是说一个新的国家机器审讯的是一个破碎政权机器上掉下来的零部件。反人类罪的说法让阿伦特不安,人类是一种普遍性的说法,占据普遍性的位置。如果没有政治理解,那么反人类的行为只能被识读为野兽的行径,野兽行径就会如同一场自然灾害一样,让审判如何成为可能。

杀戮和灭绝某个群体这样的行为具有什么样的性质,还没有一个概念能指认出这种行为,审判艾希曼面对的是一个 20 世纪独有的深渊般的经验,因此审判并没有任何荣耀可言。这种有口难言如同神性的缄默,让历史哲学无迹可寻。在黑格尔那里,精神的代理是个体性,这个体性的具身化就是伟人,伟人不是一般意义上的具体的历史人物,是某种图示化的可直观的精神环节(moment)。在《精神现象学》最后,黑格尔告诉我们:精神的当前形态里包含的过去的轮廓,永恒的现在接管了过去,自由的实在性显现为偶然的形式,但这里的历史性回顾是指一种逻辑回望,是被"概念所把握了的历史"。[1] 阿

---

[1] 精神最终驱逐了各环节、各意识形态、各时代精神,不再腾空自己进入时间,不再 Kenosis,不再外化,不再中介了,内在性与外在性的界限消失。诸 moment 在时间之中总与自身同一,确切地说是指 moment of time,在时间和历史概念对举的前提下,过去的样态、各环节及其辩证运动消失,才有历史终结一说。但这个"永恒现在"一直内嵌于政治哲学的思考中,与现象学激进的时间性概念更合拍,说其激进在于"时间绽出",跳脱、出列、跃进了。详见海德格尔:《存在与时间》,陈嘉映、王庆节译,生活·读书·新知三联书店,2012 年,第六十八、六十九节;Hegel, *Phenomenology of Spirit*, trans. A. V. Miller, Oxford University Press, New York, 1977, pp. 492–493;Catherine Malabou, *The Future of Hegel*, trans. Lisabeth During, Routledge, 2005, p. 268.

伦特所做的是在经验之中予以现象侦测：如果有反人类的行为，那么作为人类，尤其作为被践踏的一方为什么不反抗，人类的敌人是谁？取决于终极意识形态来定夺，"种族"和"阶级"成了衡量谁是人谁不是的校准，那么在逻辑层面，反人类怎么成为可能？反抗和反人类同样没有任何可能性的时候，阿伦特的"反抗说"引起众怒，一个重要的理由是，没有谁有权利要求他人去当殊死抵抗的英雄。显然这里的分歧在于：抵抗不是指具体场景中本能性的抵抗，而是说现代以来政治的消亡，让"抵抗"成为处境性的难题。无论个人还是集体性的反抗，在行动能力瘫痪之前就已经不存在了。在作家莱维描写集中营的作品里，不是说完全没有个体的抵抗，而是人格和意志先于生物性生命被剥夺了——这也包括纳粹机器上的零件比如艾希曼——让抵抗成为荒谬之举。从全权主义运动到集中营，现代性的无意义被全权主义用一种"超意义"的方式捕获，而个体层面的存在主义斗士如果被放在全权主义的扭曲结构中，因为那里的日常率先变形，反抗就彻底虚化了。存在主义文学形象里，那些死寂的无动于衷的个体，是对精神实在界的主动模仿。日常经验中表现出的无畏之勇，作为意识形态终结的文学象征，那是因为一般意义上的意识形态无法染指实在界，在其交汇的边界处，极端状况就爆发了。但这里的区别在于，个体发狂和政体发狂之间，需要政治言说为中介。阿伦特在1954年的一次讲座中谈及海德格尔对自己的影响在于：存在论的历史不同于一般人类学用语，历史性概念是政治的，关于存在者的生存论结构分析突破既有概念的局限，侦测日常经验的方法具有开创性，

"也更接近政治领域,但没有到达其中心"。[1] 哲学家是真理的近邻,向个体提供精神练习的技能,但如何共同生活并作为行动而存在,就是如何置身于政治之中,真理的邻人往往漠视政治现实,这才是关键。莱维获救后,他的反应和阿伦特在艾希曼审判现场的反应一样,都期望在德国人和艾希曼身上看到悔意,一种属于人的感觉,但是他们同时都彻底绝望了。莱维因绝望而自杀,阿伦特在绝望中前行,并伴随着一种智识上的紧迫性和窒息感。

这种紧迫性的轮廓如同马基雅维利,他要在废墟上制造一个"新君主"来让现代民族国家显形,克罗齐称之为新政治科学的诞生。就是说政治第一次摆脱了伦理学的影子,单独地成为一种智识对象,但这也许不是马基雅维利的初衷。用简单的说法就是,马基雅维利为了制止无意义的杀戮而制造了一个叫"民族国家"的现代装置。霍布斯干脆把这个装置叫作"主权脑机器",通过运算可测度的利益求得确定性,即财富积累的无限性克服了终有一死之人的有限性,政治学解决了统治开端的理论演示问题,并承诺一劳永逸地担保幸福的恒久性,这反向投射出受内战困扰的哲学家霍布斯所处的政治现实。政治哲学从诞生起就是一种人类智识层面的创造性应急方案,是科学理性的政治表述而已。如果不从公理性预设而从经验来思考的

---

[1] 《爱这个世界:阿伦特传》,334—335 页。关于哲学家"插手"人类事物,阿伦特在给海德格尔 80 岁祝寿献词的演讲中再次提及"当卷入人类事物的时候,海德格尔和柏拉图一样乞灵于君主和领袖……从理论上说,专制的倾向几乎在所有伟大的思想家那里都能够得到证实"。见《海德格尔和阿伦特通信集(1925—1975)》,乌尔苏拉·**鲁兹**编,朱松峰译,南京大学出版社,2019 年,241 页。

话，阿伦特认为这恰恰是政治自杀的时刻，自然权利得到保障与参与政治事务是两回事，另外，与财富自动累积相伴随的权力扩张、主权国家之间的永恒战争状态并没有终结暴力，如果政治的责任在于终结自然暴力的话。"主权公理"直接受托于人格化的"主权者"，自然权利作为一种反思性的概念，应用于主权内的法的实践，法律系统的运行代替人们的政治活动。正如功利主义所奉行的"我为人人"和"人人为我"，就是说照顾好社会成员的私人利益，公共利益就得到了保障，最核心的私人利益就是个人的财富增长，它代表了社会的经济发展。什么是公共利益，显然是指稳定的社会秩序和财富总和。但这种论调很难让阿伦特他们那一代"战争难民"产生共鸣，不是说人的具体自由被剥夺，而是在一种更普遍的、抽象的、基于主权认同的"国籍"资格被剥夺的情况下，没有可依托可归属的社群。这个社群还不是社会学文化层面的，而是指政治共同体，正如今天的美国政府以国家利益为借口对边境"难民"的驱逐，这里出现了一个逻辑悖反，一个由移民人口组建的国家在恐惧"移民"。当我们说人类的时候，不应该忽略人的政治处境。

普遍人权受制于严酷的区分原则，比如历史性，祖祖辈辈生于斯长于斯，对于移民的受与拒，取决于既有的利益考量；比如基于自然、生理划分的民族，主权知道哪些人不算数；主权的内外不是一个疆域界限的问题，主权是同一/差异这个本体论疑难的产物。我们不能说这些区分原则在破坏人权，但人权保障取决于这些划分。一般的政治学关心的是主权框架内的法理规定或权利补充，对人权的笃信出自启蒙思想中道德主体的规定性,此道德主体是普遍抽象的概念,但在政治现实中,道德主体还有一层人权—政治保护膜。但这层保护膜本身的脆弱性让启蒙以来有关人的信仰开始摇晃,当道德主体性受压制的时候,全权主义运动以侵犯人权的方式制造另一种形式的极端认同,当政治学的主权概念受制于诸国家单位的时候,两种全权主义恰恰超脱了主权疆域的局限,通过"灭绝"或"清洗",删除某类人的生命实存,构造一个不同的"世界理想",捕获人们之于完整性的想象,一种非常极端的形式就爆发了。

关于现代性问题,这个至今训练有素的地方,社会批判理论仍占据着中心位置。其难点在于终结意识形态的各种现代思想及其运动,和全权主义笼罩一切的超级意识形态之间,并不存在直接的关联。因为单独地来看,一个清醒冷峻、刚勇无畏、思虑沉重的存在主义者怎么可能成为全权主义机器的零件,但另一方面,一个现代主义层面的存在主义者对全权主义抱有美学层面的偏好,在精神分析看来,是对"现代主体"的虚假有一种偏执狂式的不满。这表现在现代思想宗师海德格尔这里就是,他对纳粹宣传的粗鄙和低劣表示不满,但成为纳粹的一员,说明这个运动中一定有些元素吸引了哲学家。在海德格尔看来,共在性不是一个问题,前提是这个个人,陡然惊觉了的存在者在行动中跃进。"跃进"只是接近了政治行动,而海德格尔的"下了决心的本真共处"还不能等同于政治行动。像一个人那样整齐划一地行动着的共同体,与在世的存在者联合行动的区别在于,后者还需关心的是与谁相伴而共同行动,"那个谁"需要政治的人来判断。阿伦特认为从柏拉图以来，所有哲学家都漠视政治现实。在存在的真理和黯淡的现实之间，政治的人既非真理性的哲学跃进，也非海德格尔生存结构中那浑噩度日的"常人"，因为众人之事既非哲学传统所排斥的经验性内容，也非抽象的普遍意义上的政治统一体，"这个个人"的行动可以显示哲学能力，比如克尔凯郭尔，但与他人相伴而共同行动，这是阿伦特的行动理论要处理的核心问题，因为个人的无畏跃进依然无法应对政治性思考所要面对的严峻事实：政治要么发疯，要么死去。

当弗洛伊德在《哀伤与哀悼》中说疯人靠近真理的时候，这结论出自临床经验中的个体，不能直接挪用到政体发疯的情景中。艾希曼拒绝认罪，这才是真正"恐怖"的事情，战争仅仅以军事胜利为标的，但"在全权主义政权垮台之后，全权主义的方案仍能存在，它以一种具有强烈诱惑的形式，将会在可能的时候，以对人有利，并且能够以解除政治的、经济的、社会的悲苦的姿态出现"。[1] 这里的方案对应着个体的欲望结构，当人们不知道该如何行动的时候，欲望对象就会被重新制造出来。从全权主义的恐怖到今天零散的恐怖主义自杀式袭击，和单个的变态杀人狂不同的是，共同行动在抹除自身，但共通诱惑不可抹除，这给政治思考留下了真正的难题。

---

[1] 汉娜·阿伦特：《极权主义的起源》，573页。

## 二　作为范例的城邦

政治考古学对于阿伦特来说，是对"全权主义"和"广岛原子弹"的应激反应，创伤不是拿来控诉的，"伤口"在精神分析看来，是创造的起点。因此，不同于现代政治学的理性演绎，当代政治哲学的姿态总是回望，似乎有个"古代"能够被看见，但这并不意味着政治哲学立场就是保守的，尤其在阿伦特这里，古今之争并非立场性和价值观问题，追本溯源也好，扶本固元也好，政治体并非医学层面的身体，理疗和护养基本无效。当我们把思想的触角伸进传统的土壤之中，并不意味着我们就可以获得传统之传统性，因为"土壤"仅仅是思想遗产的模拟物。同一个"古希腊"周围，可能环绕着"王者师"，对"统治术"津津乐道之徒。如果我们是亚里士多德的细心读者，就会发现，他本人对统治并没有多大兴趣，他是站在"城邦"之外来考察城邦。一旦政治危机来临，哲学家亚里士多德所选择的只能是躲避，没有谁愿意成为第二个苏格拉底，欣然赴死的伦理英雄反而促发了其继承者们对 polis 的恐惧和厌恶。在阿伦特看来，正因如此，柏拉图学园建在了城邦之外（近郊），当然哲学家对于统治者的唯一要求就变成了"学术自由"，这自由独立于政治，成了后世追索自然真理的孵化器。

## 1 在"纷争"之中

"在……之外"和"在……之中"是海德格尔关于科学知识和存在真理的重要区分,当然,没有前者的定位,客观知识就无法获得,当政治被当成知识的时候,论证统治与服从的正当性就构成了这门知识的主体部分。"在……之外"的求知意志,其终极版本就是数学。人们登上这被称作"数学"的天体,可以从宇宙的角度俯视地球,哲学家的"普遍性"也好,神学的术语也好,都被宇宙物理学家的新发现取代了:

> 现代"科学向数学的还原"(reductio scientiae ad mathematicam)排除了人类感官在近距离中观察到的自然证据,正如莱布尼茨排除了知识的任意性起源和布满纸张的点的混乱性质。怀疑、愤怒和绝望的情感(绝望是在发现阿基米德点不是一个毫无根据的猜测或虚假梦想之后,产生的第一个后果,也是在精神上最持久的后果),就如同某个人感到的无助愤怒:他明明亲眼看见这些点被任意地、毫无事先考虑地抛洒到纸上,却发现他不得不承认他所有的感觉和判断力都背叛了他,因为他所见的乃是一条"几何

线,其发展方向始终如一地被一个法则所规定"。[1]

从几何学到代数,任何人的行为模式都可以化约为数学模型,为获得精确性,这一化约以感官能力的丧失为代价,其不足是人的绝望、愤怒和怀疑无法以数学模式来测度。如今,脑科学和生物工程学正在为此进行艰辛的探索,总之行为的指导原则背后受控于"数据运算",机器判断人追随,这就是我们的处境。关于"点"的迷惘,正如IP地址所设定的中继者,使得任何行为、言说踪迹都成了可计算的数据,但大数据所有者依然是国家。我们可以逃离地球,成为站在宇宙视角说话的男子汉,这个宇宙视角局限在宇宙政治之中,即使在科幻作品中依然有冲突和纷争,其内容也只能在人的范围内被理解。循环论证是一切科学的模式,先制造一个人为的自然,如实验室环境——一种人为的设定,让客体变得明确而有限——然后又在众多实验室中反复验证。现代实验室虽然更加复杂,涉及一切关联性,但其循环的模式并没有改变:理论—实验—核验,并帮助我们进行预测,而应用则是科学的顺带结果。对此阿伦特做了一个重要的区分,施加于自然身上的实验是科学家的作为,而施加于人自身的实验,则是哲学英雄所为,比如克尔凯郭尔和尼采,这让我们想起德勒兹对哲学的定义:艺术负责感知,哲学负责设想,科学负责认知。今天科学

---

[1] 阿伦特:《人的境况》,王寅丽译,上海人民出版社,2009年,213—214页。科学承诺了确定性,而阿伦特强调的是政治—行动的不可预见性和脆弱性。

能够演示无限大的天体运动,也能探测到无限小的量子纠缠,但政治现象不同于物理现象,人毕竟不同于宇宙尘埃或某种基本的能量元素。在感知范围内,"生命的至善"从阿伦特的政治观而言,不是物质—工具形态的产品,或是被知识系统捕捉控制的对象,而是作为人的"人的产品",那就是我们的生命世界。人并非生活在实验室之中,人生活在世界之中,言说和行动是所有实践中最具实验性的。"世界"概念大于笛卡尔的"外延—空间"概念,正如探索宇宙奥秘的科学家并没有离开地球一样,依然生活在众人之间,这个谁活在这个间距中,成了重返城邦(polis)的重要线索。

  海德格尔在《存在与时间》中所提示的并非要突破循环论,而是要以正确的方式进入循环,这就是他以尼采为样板所做的哲学阐释,像尼采回到古希腊那样,如同本雅明的"新天使",面朝过去,被迎面的风暴推向未来。在过去与未来之间的间隙处,"寻求希腊的东西,既不是为了希腊人的缘故,也不是为了完善科学,甚至也不是为了达到一种更为明晰的对话;相反,我们着眼于此种对话想表达出来的东西——如果这个东西是从自身而来达乎语言的话……'希腊的'并不是指一个民族的或国家的特性,也绝不意味着一种文化的和人类学的特性"。[1] 两个"特性"是指认识论和心理学的框架,与之不同的是,"希腊"作为此在范例就成了唯一可依循的道路,尽管这个时期的海德格尔转向了"语言"。思考政治的范例在阿伦特那里,就是让城邦如何显现,你显现在他人面前正如他人对你的显现一样。

因此,近代以降和形而上学一起落幕的除了"超感官"的事物,就是我们的感性世界。黑格尔说的没错,"感性的确定性"在犹太人那里,就是信仰,就是知识,因为他们拥有一个会思考的"上帝",即超感官的作为显现的显现(appearance qua appearance)。同样的,在希腊世界,无论是记录人神同席的荷马史诗,还是希罗多德述说历史的初衷:赞叹希腊人和异邦人丰功伟绩的光彩,把纷争的原因记录下来,[2] 事情如其自身所显现的那样,政治与哲学就诞生于"纷争"(polemos)之中,也是亚里士多德说的"惊诧",康德所说的"生产性想象力",但哲学试图抹除"纷争"。其后思考"纷争—动荡"就成了修昔底德的宗旨,在"共同体"作为概念还没有出现之前,城邦还不是外

---

[1] 海德格尔:《阿那克西曼德箴言》,见《林中路》,孙周兴译,上海译文出版社,2004年,354页。阿伦特发现这是战后沉寂多年的海德格尔发表于1950年的一篇长文,隐含哲学家关于德国战败的思考。"存在隐匿"了,与其早期的"无蔽"(aletheia)思想不同,出现了两个"希腊",或暗示某种转向,即从达乎显现到达乎语言(德文 sprache 也有言说的意思)。但阿伦特坚持的是,如果有种这样的对话,一定和人相关,她的"希腊"达乎行动,并将老师的存在主义贯穿到底。详见《海德格尔的不意愿的意志》(will to nothingness),自《精神生活·意志》,姜志辉译,江苏教育出版社,2006年。

[2] 希罗多德:《历史》开篇所言,王以铸译,商务印书馆,2013年。和现代历史观不同,这是一本百科全书式的记录文本,尤其详细展现了城邦时代的人们,针对一个政治议题,开启一个行动,面对某种冲突,总要围绕事物对立性的诸多方面,各方展开言说和辩论,也会聆听战败方的慷慨陈词。

延——空间意义上的,城邦是在差异之中建立起来的确定意识。纷争——战斗让"我们"显现,这体现在著名的伯利克里葬礼演说词中:

> 我们爱好美丽的东西,但是没有因此而至于奢侈;我们爱好智慧,但没有因此而至于柔弱。……这是我们的特点:一个不关心政治的人,我们不说他是一个注意自己的事务的人,而说他根本没有事务。……我们的城市是全希腊的学校……这就是这些人为它慷慨而战、慷慨而死的一个城邦,因为他们只要想到丧失了这个城邦,就不寒而栗。[1]

在城邦的世界,"不寒而栗"在尼采那里是指一种深度的恐惧,同时代的悲剧和同时代的前苏格拉底哲学思想——悲剧总是缘起于一个冲突——被一种自行扩张的深不可测的"灵魂逻各斯"所吸引。正是对纷争记录的反思,"神话—纷争"开启了一个世界,政治也好,哲学也好,生长于如此这般显现着的城邦之内。这就是阿伦特一直强调的,希腊人打完仗回到城邦,正如希罗多德和修昔底德所描述的那样,"战争"让他们领会了事物的冲突以及对立性的两方面,征战活动和政治活动是两回事,后者解除武力是为了在"言说"中展现"纷争"

---

[1] 修昔底德:《伯罗奔尼撒战争史》,谢德风译,商务印书馆,2013年,第二卷,149—151页。阿伦特还根据希腊文和自己的政治理解,把"不至于奢侈"解为恰如其分、会下判断。根据希腊人的理解,"怯懦"是指野蛮人的缺陷,阿伦特予以发挥,将其译成:"我们爱美,但以政治判断为限,我们爱智慧,却不要野蛮人的怯懦陋习。"见《过去与未来之间》,198页。

的面貌。因此,海德格尔早期重解逻各斯的索引文本正是赫拉克利特残篇,"在者的整体总是在其在中从一番对立到另一番对立被抛来抛去,这个在就是在这种相反的不平静之集中境界"。[1] 逻各斯就是"在","在"作为否定性展现出来的协调,就成了柏拉图在辩证法中描画的爱多斯(eidos),而逻各斯则沦落为捕获真理的工具。但思想史家沃格林感叹,柏拉图之后,修昔底德所创造的危机—生机的政治也就丢失了,其实他们两者是互补的。[2]

因此,城邦的内涵充满歧义,但在城邦之中的经验是真实的,不管是社会的动荡还是哲学的诞生,灵魂的逻各斯处在"纵深"的维度上,这海德格尔的"大地"的形象,也是黑格尔在希腊的伦理世界中所描画的"地下的世界",幽灵们升起,神得以命名。如果说赫拉克利特所指的黑夜和白天、清醒和睡眠的区别来自逻各斯的有/无。在有和无之间,灵魂的运动就是逻各斯的运动,一个开动起来的逻各斯,在始源的意义上是指"懂得怎样说"和"懂得怎样听"。阿伦特把海德格尔的这一思想进一步发挥为作为言说(logos)的基本的政治行为,这种鲜活行为能够显现,空间是行动的结果,才产生了作为城邦的政治空间。城邦如果具有空间性的话,她就承载了不朽,在记忆—空间中存留,是自我认同的唯一条件,丧失城邦就等于丧失灵魂、丧失自我,伯利克里才说这让人"不寒而栗",而广场(agora)就是这个空间的镜

---

[1] 海德格尔:《形而上学导论》,熊伟、王庆节译,商务印书馆,2014 年,137 页。
[2] 埃里克·沃格林:《城邦的世界》,陈周旺译,译林出版社,2009 年,444 页。

像,这种赤裸自我的在场既是感官的,也是内在的,看与被看同时发生。

这样的城邦—空间到了后来的《理想国》就成了黑暗的洞穴,即一个表象的世界,被幻影所充斥。赫拉克利特说的灵魂深度,以身体为感知中心的"睡"与"醒"翻转为"心灵之眼"和肉眼的区别,"心灵之眼"游离到城邦之外,成了只有心智攀升动作才能完成抵达的理性。地上和地下的空间结构变成了洞内和洞外。在这样的结构下,哲学家重返洞穴,根据政治理型,打造城邦生活,为此才把"治邦"比作某种如航海和医术之类的技艺。但柏拉图在《政治家篇》中,区分了建邦行为和治邦行为,建基和建造是两种不同的政治活动,尤其强调后者是技术性的。然而《理想国》中的苏格拉底毕竟是 agora 的常客,他在人群中,塑造和淬炼灵魂的秩序,和他谈论的建国理想相比,哲学教育才是苏格拉底所倾心的事业。

## 2 两种善:行动本身和行动的产物

当柏拉图所谈论的"治邦技艺"在严密推理中作为知识被表述,亚里士多德区分了吹笛人和制笛人,这就是《政治学》中借欧里庇得斯的话所说的,技艺说过于琐碎,需通晓要道。首先,亚里士多德在城邦和疆域之间做了区分:巴比伦疆域辽阔,但不能被称作 polis。他将城邦的实质看作政体的同一性,即城邦的空间性边界和"政体"的概念形式(form)吻合,使得伦理学中的"好生活"在"优良政体"中得到显现。和柏拉图"洞穴说"不同的是，这种所谓的"现实主义"的转向背后，是其空间理论的印证：

> 如果空间也是一种实在的事物，那么它存在于什么地方呢？芝诺的疑难要求我们作一个解释，因为，如果说一切实在的事物是存在于空间里的，显然就会有空间的空间等等，乃至无穷了。……空间之所以必然是一个确实存在的东西的理由，以及所以会提出关于它的存在方式问题的理由，即如上述。……我们认为：(1)空间乃是一事物（如果它是这事物的空间的话）的直接包围者，而又不是该事物的部分；(2)直接空间既不大于也不小于内容物；(3)空间可以在内容事物离开以后留下来，因而是可分离的；……[1]

既然"空间的本质"是理论难点，那么我们就可以怀疑空间是否等同于事物、空间自身的实存性，空间在康德的认识论中是先验的感性形式，这和阿伦特所说的政治—空间相抵触。这里说的始源空间是形而上的整一(One)，事物的边界即概念的定义仅仅是某种空间的规定性，这和康德的空间观是一个意思，先验的感性形式，指明不可见的可见性。在整体和部分的关系中，如果诸希腊城邦作为某种特殊的现存事物，那么"政体"就承纳着它，关于什么是城邦则充满争

---

[1] 亚里士多德：《物理学》，张竹明译，商务印书馆，1982年，209a、210a、211a。

议,但政体形式——相对于质料——作为原初空间,在政治领域是第一性的:

> 一种政体就是关于一个城邦居民的某种制度或安排……显然城邦的同一应归结为政体的同一,至于名称用新名还是旧名、居住者是新人还是旧人都无关紧要……他们的共同体就是他们的政体,因而公民的德性与他们所属的政体有关。[1]

优良的政体决定了良好生活的实现,能够很好地引导城邦之内各种各样的实际活动和行为走向善,因此政治,准确地说是政体(制)的目标在于追求最大限度的善,也就是公正。在优良政体中,好人和好公民才是同一个人——主要指政治家或统治者,伦理学和政治学无缝对接,这样一来个体的善和城邦的善统一,即单数的纯一的政体,而与此相对的则是各种形态的复数的政体。政体概念的规范性实践是法的运用,亚里士多德在《政治学》第三卷末尾才说,一个好的政治家既能统治也能被统治——和现代意义上的权力不同,其指德性的实现,城邦的善是所有活动中最高的善,相对于具体的善,它是一切实践活动的终极目的,而善是什么,为了阻止芝诺式的无限性——其实是存在论差异的无限性——作为理念的善成了实存世界

---

[1] 亚里士多德:《政治学》,颜一、秦典华译,中国人民大学出版社,2003年,1274b、1276b。

的第一根据，在拉康看来，这是伦理学在符号界和令人恐惧的实在界之间的防护栅栏。亚里士多德的政治思想的余音，回响在黑格尔的国家、精神以及国家精神的概念中。

《尼各马可伦理学》开篇提到的两种善，包括活动本身（*energeia*，动词）和活动的产品（*engro*，名词，从拉丁文 *actualitas* 转变成现代英语 actuality，以表述实现了的现实性，强调作用和结果），但后者比前者更有价值、更重要，因为其达到一个更高级的善。比如骑术活动产生了一个外在于骑术的目的或结果，叫战术。骑术和战术好比逻辑学上属和类的区别，越抽象、越综合、在逻辑层次上越高，即更加完善，那么我们就可以把政体理解为生活世界中善好的统一体，其职能在于照看和引导在世之人的灵魂秩序。但和亚里士多德不同的是，阿伦特关心的是前一种善，即活动本身（包括政治活动和思维活动，这也是她说的 *vita activa*），过程性的事物，如荷马吟唱的"不朽"记忆，城邦不仅是诸具体的短暂行为的载体，同时也是一种记忆书写的构架。行动的无限性所造成的虚幻感，不是以"法"或伦理的善来拯救或兜底，而是在作为"范例"的行动图式中得到保存，比如在史诗中，每种德性—行为都有一个可直观的行为—概念形象。"希腊的补救之道"指城邦世界中，那些看来没有"产品"，没有目的，没有始源空间和完善追求的行为（*praxis*），比如演讲、辩论、竞技和戏剧，这些无用的行为仅以自身为目的，感性逻各斯的奔涌成了阿伦特所界定的"政治的基础"：

它强调不顾一切地自我彰显的要求,从而相对地不受不可预见性危险的影响。这样,它就变成了古希腊的行动原型,并且以所谓争胜精神的形式,影响了那种强烈地追求自我表现、以与他人一比高下的渴望,这正是盛行于希腊城市国家的政治概念的基础。[1]

这里所探讨的不是理性或政治该怎样,而是建立理性或开启政治—行动,作为始源现象中的结构性元素,这和哲学家所谈论的权力—政治不同,与亚里士多德四处观察所总结的经验并提炼出的善的技艺是两回事。同时也表明阿伦特与海德格尔相比,采取了一种更加激进的现象学立场。哲学传统中的"我愿"和"我能"的区分被取消了,她把海德格尔对"此在"的分析方法运用到对"我们—城邦"的思考中,"城邦"和"我们"作为行动—作品,相互显现并相互裹拥,存在作为系词(being)就成了无限涌出的现在(present)。

---

[1] 《人的境况》,152页。这里的"争胜"指古希腊的竞赛精神,获胜者的花环要敬献给神庙,归于城邦的福祉,而竞赛不是好勇斗狠,唯我独尊,反而是要以竞赛的形式,让"长胜者"免于神的嫉恨。希罗多德给出的反例就是马拉松战争的长胜将领米尔提亚德斯,最终在监狱里溃烂而死。(《历史》,第六卷,133—135节)竞赛不是为了成为"最好的那一个",而恰恰是要时刻提醒人们没有最好,总是一个好引出另一个好。这就是尼采说的让希腊人免于"前荷马的深渊",那阴森恐怖的旧神时代。参见尼采:《荷马的竞赛:尼采古典语文学研究文稿选编》,韩王韦译,上海人民出版社,2018年,162页。

## 3　积极行动产出公共空间

在《物理学》中，同一是说原初空间做循环运动，就是说柏拉图洞穴隐喻中那奇幻的建邦行动(arche)，在亚里士多德这里成了一个自明性的前提。这样一来，"政体"(politeia，单数)概念依然带有柏拉图的爱多斯(eidos)的影子，不管什么政体类型，政体概念首先要涉及的是统治与被统治的关系，论证统治的正当性，无论古典的还是现代的，都成了政治学的首要议题，而权力的性质即权力归属于谁、归属于哪类人，则是次要的。不管公民资格也好，统治资格也好，是否拥有理性逻各斯无论在过去还是在今天——康德的先验理性就成了现代民主制的哲学基础——依然是首要标准，因此，在亚里士多德那里，奴隶也好，女人也好，因理性能力的匮缺，或者说不完善，而被排除在政治活动之外。我们发现在柏拉图那里所说的"政体"(《理想国》原名就是 politeia)还没有本质属性，完全是技术性的，但在《法篇》中政体奠基—开启的精髓由哲学家掌握。伯利克里时代的"我们—城邦"在《政治学》中成了自然而然之物，或自然对象，如家庭的产生一样。政体形态和名称可以是多样的，但在爱多斯眼里事物没有区别。作为抽象物的"政体"体现在具体的各不相同的制度运行模式中，人参与其中，人的行动受到制度的钳制，这和阿伦特强调的人在城邦中显现是两回事：

城邦，准确地说，不是地理位置上的城市国家，而是一种从人们共同言说和共同行动中产生出来的人类组织，其真正的空间存在于为了这个目的而共同生活的人们之间，无论他们实际上在哪里。……这是最广义的显现空间，即我像他人显现给我的那样对他人显现的地方，在那里人们不仅像其他有生命物还是无生命物一样存在，而且清晰地显现自身。[1]

将 polis 理解为共通场所，其实是对爱多斯激进的还原，显现着的事物如其外观那样存在着，但又比外观多出来的部分，就是这个"自身性"。那么如何才能做到"清晰"呢？

人们活在 polis 之中，为 polis 所环绕，nomos（法）是一个护栏一样的边界。在何者之中？在神庙之中获得实在感（real），在 agora（广场）之中获得相互显现的镜像感，在剧场之中获得象征—意义感。如果把亚里士多德的空间概念转换成空间感的话，我们就可以理解伯利克里说的，丧失城邦的恐惧在于自身性的消弭。亚里士多德的空间性作为事物的规定，是经由人的感觉才能被经验到，空间感的丧失就等于自我感觉的丧失，这就是古希腊的赤裸自我的在场（present）：

---

[1] 《人的境况》，156 页。

在任何地方只要人们以言说和行动的方式在一起，显现空间就形成了。这个显现空间早于和先于所有形式的公共领域结构和各种类型的政府，即被组织化了的公共领域的各种形式。……凡是人们聚在一起的地方，它就潜在的在那里，但只是潜在的在，而不是必然的、永远的在。[1]

"存在者"（being there）存在，为此海德格尔的术语"此在"（Dasein）被阿伦特转换成了行动—此在。不同于现成组织和制度性活动，正如我们所熟悉的那样，都有一个目的性的、利益性的诉求，因为组织和制度先于活动，组织和制度如同理念中的潜能，活动是把组织和制度的能力发挥出来，那么组织和制度并不在我们的感官范围之内，我们如此行动的背后的确有双"看不见的手"在推动我们的行为，这不是古希腊意义上的 performance——既非主动又非被动，仅仅为了愉悦自身的行为——更不是模仿行动的戏剧，而成了一场木偶剧。行为的意义必须诉诸一个看不见的存在，亚里士多德的"善"用精神分析来理解，就是那个在语言边界处大写的能指空符，也是他说的本质空间，有个事物就有处所，就有空间性，行为发生，仅仅是占取了虚空中的一个位置而已（take place）。在阿伦特这里，把希腊哲学的理型为真、真理所蕴含的潜能改造成了行动的真理，但她强调显现—空间的"脆弱性"。当然"能"和"不能"在认知层面指向"可能

---

[1]《人的境况》，156—157 页。

性",但在行动层面,亚里士多德倾向于主动地把事情做好的"潜能",行为的真理通过好的行为显现,比如"说"和"能说"的区别,[1]而现象地理解则更接近尼采在《权力意志》中所说的力量"强度"显现的高低,区别于强制力(force)和体力(strength),公共—显现空间的明亮与晦暗取决于行动的光芒,而不是理性的"照明灯"。

为了克服"空的空间"这古老的"虚无主义",政治的哲学就成为哲学的政治,城邦—感性世界就变成昏暗的洞穴,一个重要的原因就是对"身体—空间"的遗忘,其命运必然走向全景式"圆形监狱",古老的政治技艺生成为复杂而精微的"权力工艺":

> 四周是一个环形建筑,中心是一座瞭望塔。瞭望塔有一圈大窗户,对着环形建筑。环形建筑被分成许多小囚室,每个囚室都贯穿建筑物的横切面。各囚室都有两个窗户,一个对着里面,与塔的窗户相对,另一个对着外面,能使光亮从囚室的一端照到另一端。然后,所需要的做的就是在中心瞭望塔安排一名监督者,在每个囚室里关进一个疯人或一个病人、一个罪犯、一个工人、一个学生。通过逆光效果,人们可以从瞭望塔的与光源恰好相反的角度,观察四周囚室里被囚禁者的小人影。[2]

---

[1] 亚里士多德:《形而上学》,苗力田译,中国人民大出版社 2003 年,1019a15—35。
[2] 福柯:《规训与惩罚》,刘北成、杨远婴译,生活·读书·新知三联书店,2007 年,224 页。

这就是现代权力图式,福柯描画的"圆形监狱"。图式的例子如三角形,柏拉图在《理想国》第六卷谈到这个可直观的假设,称其为"水中的影子",其作为特殊理型是攀登绝对理型即真理的阶梯。而柏拉图所说的"水中的影子"叠加变形,几何数学即促成了学术求真的道路,到了福柯这里,就是现代知识权力和制度—组织权力能够发挥作用的动力型建筑—空间。和阿伦特谈到的全权洋葱结构类似,环围位置上的所有活动,在权力的枢纽中心的视角看来都是幻影,但位于中心的瞭望者当然不是哲学家,而是瞭望塔的位置决定了全能治理的实现,和全权结构中的"无人统治"一样,而人的任何活动踪迹在"瞭望塔"这里成了可利用也可运算的数据。思考建邦,就是思考国家建筑术的哲人王,在现代"圆形监狱"的图式中没有任何立足之地,因为这个建筑—空间本身就是理性的终极版本。光源还是来自"外面",人的活动,不管是统治还是被统治,监视还是被监视,已经被这个现成的制度性空间结构规制了,如果经由思维在知识空间性之中挺进,最后就发展为结构主义理论,一种"近代知识之活跃而不安的意识"。[1]

## 4 鲜活的城邦

阿伦特试图扭转这个传统,即理性是驱逐黑暗的光源,她坚持的

---

[1] 福柯:《词与物——人文科学考古学》,莫伟民译,上海三联书店,2012年,276页。

是行动自身能够发光，并自行拓展出一个空间，它不同于城墙和法划定的空间，那么城邦就不是指作为物理空间的雅典，政治内容就不是立法，因为立法可以找外邦人来制定，立法者和家政管理者是同一类手艺人——亚里士多德的政治实践指城邦事务性的活动，但和致富生活这类事务不同的是，政治事务有向善的明智——而"城邦"是雅典人的雅典，即"我们—雅典"，看见雅典就等于看见自己，雅典和"我们"彼此相依相存，相互裹拥，这个空间形象应该是：我们在城邦之中，城邦在我们之间。如果城邦是前哲学的，那么的政治—空间还可以还原为梅洛-庞蒂的前认知的身体—空间，为阿伦特眷恋的"高贵灵魂"找到栖居之所：

> 我们的身体不只是所有其他空间中的一个有表现力的空间。被构成的身体就在那里。这个空间是所有其他空间的起源，表达运动本身，是它把一个地点给予意义并把意义投射到外面，是它使意义作为物体在我们的手下、在我们的眼睛下开始存在。……我们的本性不是一种旧习惯，因为习惯必须以本性的被动性形式为前提。身体是我们拥有一个世界的一般方式……身体的体验使我们认识到一种意义的强加……我的身体就是像一种普遍功能那样运作……[1]

---

[1] 梅洛-庞蒂：《知觉现象学》，姜志辉译，商务印书馆，2005年，193—194页。

身处何方,身体在哪,城邦就在哪,可以说希腊人的政治观就是他们的身体观,显现自身,热爱集会、竞赛、表演、辩论,甚至包括性活动,尤其是阿戈拉(agora),哪怕身在异乡,希腊人总得 agora 一下,这种聚集习俗(ethos,也有气质、样子的意思)甚至吸引了异乡人来参与其中。[1] 这些活动的共同点就是身体的在场,不是形而上学的在场、空间本质的在场,而是经由身体,这始源空间的投射范围所形成的场所,即古希腊哲人普罗泰戈拉说:人是万物的尺度。这个感性尺度丈量着神庙、广场、剧场和家这四个生活空间。运动如果是指位移的话,意义尽管从思维活动中产生,但意义的现象世界终究是从身体—活动寻视的。这和亚里士多德关心的物理空间不同的是,身体不是物体(尽管是同一个词 body),因此梅洛-庞蒂认为,不是因果思维中生活的意义,而是意义的生活,即身体—活动所投射出的意义场域,生理和心理的共显就成了感性逻辑的对象。如果把时间因素考虑进来,身体并非精神—灵魂的透明躯壳,身体恰恰是晦暗不明的,正如行动的"脆弱性"。但是身体不仅统一着自然和文化两种元素,更重要的是它是空间感和时间感的此时此地的综合体,这就是为什么阿伦特总是强调政治活动的过程性,这个过程和具有某种技艺的制作活动不同,不知道自己的产品—后果会是怎样的。更进一步说,

---

[1] 布克哈特:《希腊人和希腊文明》,王大庆译,上海人民出版社,2012 年,102—104 页。布克哈特认为,这就是"活的城邦",先于任何政治理论,他称之为"城邦信仰",这位伟大的历史学家并没有以文化类型和所谓的黄金时代来回望古代,而是指出城邦的伟大,如行动和受难的灵魂,在历史中绵延不绝。

活动产品也不是超越时空的政治学知识，而是在荷马的"记忆"回望的目光中行动的意义才出现，这就是亚里士多德的《论灵魂》中，所区分的思维客体和记忆—时间客体：

> 作为自体表现来考虑，这是一个思想客体或一个心理形象，但，作为某个它物（它身）的肖像而论，则我们所思想的乃是一个摄影，是一个记忆客体。……那么恰似人们把画幅中的人物看成了一幅肖像那样，他虽未尝晤见哥里斯可，可就是把画中人当作了哥里斯可的肖像。于后一案例，观乎此图（肖像）而引起的情感是与作为图画而观看此图的情感不同的，由前者而入于灵魂之中的就只是一个思想对象，但由后者之若此而为成像，则已是属于记忆的题目了。[1]

思维图形和记忆图像不同的是，图形是思维的空间化显现，是对

---

[1] 亚里士多德：《论灵魂及其他》，吴寿彭译，商务印书馆，2016年，450b25。亚里士多德在此探讨的是灵魂运动的两种样式，并且关键是两者是共时的，因此他在谈论"想象"的章节三才说，想象既为真（true）也为假（false）。为真的是思维（thinking），这里说的图画自身，为假的指经验介入之后的记忆和回忆，不是图像自身而是经由肖像（likeness）关联到另一个真实存在，即肖像画的真身。关于想象力，亚里士多德认为是感觉自身的运动，从此引发了康德关于想象力在认知活动和审美活动中的先验问题。另外，此节引文英文版本参照：*The Complete Works of Aristotle* (The Revied Tranlation) by Aristotle, 'On soul,' ed. Jonathan Barnes, Oxford University Press, 1983, 450b11-451a2.

象自身,和思维着的人漠不相关,同样是心理活动,记忆图像借助想象力,想象力自行开启了一个图像—空间,这个想象—空间先于看画的行为,而记忆—想象空间的出现,不是思维对象和结果——思维方法可以经过反复回想而习得。但记忆则与此不同,其关键在于"记忆点"的设定,他把"点"称作刺激性的事件,以这个点为参照,之前和之后的时序感才可以建立。这个点就是阿伦特说的 arche,其动词形态指开启行为。在海德格尔的《存在与时间》(82 节)中,时间的时间性再也不是连续和匀质的,而被描述为点的绽出(ecstacy)。"绽出"作为点,是对无限空间的否定,[1] 阿伦特把这激进的否定性理解为"生命出生"的事实。在《精神生活·思维》前两章,她反复引用梅洛-庞蒂谈论自由的名句:我们出生自一个世界并出生于一个世界中。前一个世界是既定的,即萨特的"被抛感",后一个"出生于一个世界",就是自发性自由的承诺,在点的位置上,方生方死的现象辩证性就开动起来了。如果"终有一死"对于海德格尔存在论分析路径这一向度所划定的生死之间的现象—现身范围——现身,但和身体无关——阿伦特在谈思维活动的晚期作品中,却反复强调"总有一生"这一实情,向死存在的哲学调性是出生时刻就奏响的,一种可能性得到见证,用亚里士多德的话说,空间进入空间,当然不是一种虚无穿越另

---

[1] 亚里士多德在《物理学》(222a10)中说,点和点不同,但画出的线总是同一的,点分开了过去和未来,又让两者合一,点就是同一的。海德格尔解释为:点向来就是自为地建立自己的东西,就是现在,他发挥了黑格尔《逻辑学》的观点,时间是出离(ecatacy)自己存在的否定性统一,且颠倒了柏格森的观点,将时间是空间翻转为空间是时间。见《存在与时间》,486 页。

一种虚无,"现身"这种始源的否定性不是主体层面的,才使得言说—行动的"脆弱性"总处在这样"不可控""不可预测"的、确知但不确定的风险中。世界之世界性,就是作为进行时的生命诞生的事实。生命降临世界,就是新空间的降临,身体的空间性带着全部的可能性,这个始源性空间宣告了未来的可能性。

正是把时间还原为空间的激进公式,才有可能把与他人共在所形成的公共空间,区别于几何比例意义上的权力公正,并以自身性的正义为前提,把理型交还给身体的空间性。不是时间在流逝,而是行动的"脆弱性"在记忆—图像的空间中得到挽救。身体—行动—记忆的三维空间是以人们共通的感性尺度来丈量的。不是在思维中剥离更小的空间以便提炼出更大的空间,比如集体大于个体,集体无疑也是点的集合,其协作机制并非后续追加的社会学论证,而是伴随性的诸多判断行为,因为身体的空间性总是开放的——梅洛-庞蒂认为闭合的空间对身体而言是非常态的,不是自身性显现,而是作为症状,比如厌食症,比如抑郁症——因此,当自身性活跃的时候,是一个空间触动另一个空间,在众人之间相互制衡又相互生发的积极状态,阿伦特把这称之为权力—显现空间:

> 因为权力像行动一样是无限的,它不像体力那样受人的本性和人的身体存在的物理限制,他人的存在是它唯一的限制,但这种限制不是偶然的,因为人的权力首先相应于人的复数性境况。出于同样的原因,权力可以被分割而不

受削弱，而且权力之间的相互制衡甚至倾向于产生更多的权力，只要这个相互作用的模式有活力而不限于僵死状态的话。[1]

为了免于离群索居的孤立状态，阿伦特强调一种人们共在的力量感和实现活动的潜能，她没有顾及权力与权利、统治与被统治的政治学传统，这里的权力实际上更倾向于斯宾诺莎说的生成性，即依据权能的执行力和行动能力。权能是形而上的自然神的大能，分配给自然生命的那些份额就是自然权利(拉丁文 *jus* 也有公正、正当和法的意思)，再者，权利和权力(能为其所能)或力量同样广大，共同延展。[2] 把权利实现出来的能力就是行动，也包括思想和言论，并且应得的这份自然权利不可让渡，因此以《神学政治论》为理论基础的《政治论》正如巴利巴尔所理解的，"不是一种关于民主的理论，而是一种关于民主化的理论，它适用于所有政体"。[3] 尽管阿伦特的政治概念不是基于一种严密的理性推导，但她和斯宾诺莎一样认定政治的目的是自由。权力作为行动能力更具有现象学和过程性的意味，即权力生产权力因而是"无限的"。她也很少分析政体形态，总是针对灾

---

[1] 《人的境况》，158 页。
[2] 阿伦特所说的众人之间的权力"相互制衡"，还不是一种政治制度性安排，更类似于斯宾诺莎说的一种基于自然状态的利弊权衡，尤其是在诸众或众人(multitudes)之间，这种自行判断和主动行动的力量是天赋的。服从是基于理解或理性，而不是强迫，正如黑格尔所说，犹太民族的上帝是会思考的上帝，确信就是确知。见斯宾诺莎：《神学政治论》第十六章，温锡增译，商务印书馆，2009 年，212 页。
[3] 艾蒂安·巴利巴尔：《斯宾诺莎与政治》，赵文译，西北大学出版社，2015 年，196 页。

难性的政治现象另辟蹊径、重新解释政治权力—空间，比如暴政和全权主义，因为这两者都垄断了空间，更确切地说，是破坏了自发性的自由，阻断了这个空间的各种关联性。空间治理是现代政治的重要手段，而对身体的强制，则是集中营这样的终极版本。只有把身体当成物理意义上的物体，一种可量化的社会学统计对象的时候，被感觉所渗透的权力—空间就消失了，同时发生的就是"现象"被"对象"取代。当现代政治倾向于制度框架下的权力/权利思辨的时候，症状性的"圆形监狱"就成了"柏拉图洞穴"的替代性方案，那么身体的空间性和城邦—政治的空间性的交融也就丧失了。

# 第三章　公共领域中的私人面具

## 一　现代"技艺人"

从马基雅维利开始,政治学和古典的"好人政治"决裂,专注于权力的意志及其实施,并局限于政治主体论,即权力和权利两种主体间的制衡。在民主国家,权力主体实施滑向以主权为单位的国际政治,而权利主体则活跃在主权之内的社会领域,阿伦特说的"显现自身"的空间性不断涌现,基于平等原则,被女权运动所激发的各种平权运动,将此理解为与"服从的自由"相对的"显现的自由",[1] 并争取法权

---

[1] 阿伦特思想和女权主义的关系,不属于此处讨论的范围。但她所提到的,奴隶般的沉默和无言,激发了女权主义对女性处境的思考,如何让女人的处境显现,以及该如何显现,一种有关女人自身性的技艺,阿伦特认为她在《人的境况》开篇就明言,政治的复数性起源在于上帝创造了男人和女人,但她非常矛盾地将性别差异处理为无关紧要的生理性区别,称之为小差异。见阿伦特:《罗莎·卢森堡》,自《黑暗时代的人们》,王凌云译,江苏教育出版社,2006年。

的正当性,当然在阿伦特看来,与"追求卓越"的城邦—政治相比,这些争取私人权利的斗争是非政治的。让现代读者感到陌生和惊诧的地方在于,城邦经验撕开了政治和经济的裂缝,"私人幸福"的正当性受到质询。

## 1 幸福论与自我的"共和制"

在《论革命》一书中,与"私人幸福"相对的是"公共幸福",在阿伦特看来,"权利"和现代的"私人性"相关,一般所说的个体权利,和古代的公共/私人相比,政治性匮缺。生存性的经济活动则属于私人领域,而政治与这种经济的私人性相对,政治追求共同的幸福生活,其思想源头在亚里士多德。古典政治学的"幸福论"(eudaemonism)在亚里士多德那里,是指城邦政治的目标在于实现最高的善,而幸福则是把善活出来的一种状态(well-being)——相对于自然科学求真——归因为一种永恒性(One),所以《尼各马可伦理学》开篇明确指出了政治的目的之后,第七卷又重复这个主题,将幸福与快乐对比,众乐乐铸就了幸福——古希腊哲学家的可爱之处在于,接受并喜欢探讨各种生活的价值,并将它们放置在思维的目光中,尊重各美其美,但总有最美的——认为快乐既是实现活动又是目的,快乐的目的内在于运用我们自己的力量,克服因匮乏造成的阻碍。受阻在亚里士多德看来是令人痛苦的,但前提是匮乏的存在,这种匮乏感被描述为常态—中道的偏差,那么快乐就是修复这种偏差的活动。你有所欲求，尽管运用自己的力量满足欲求的活动是快乐的，但因匮乏而所欲求的那个对象应该合乎中道，避免妄念。求真的沉思生活与各种实现活动不同，就不受欲望匮乏的支配，谈不上满足与不满足，是永恒宁静的神一般存在的快乐，更高级的快乐。因此，亚里士多德强调在人的各种实现活动中，和城邦的善，一种整体的幸福相比，部分的具体的快乐是偶然，往往出离于我们已经拥有的状态，而最明智的做法就是避免痛苦，不要去探求什么快乐，明智被亚里士多德定义为政治活动中最重要的德性，明智的施为对象不同于智慧的对象，是变动着的事物。这变动着的事物其实就是亚里士多德所关心的灵魂（psycho）运动。

弗洛伊德在《文明及其缺憾》[1]中反驳了这种避苦就等于趋乐的公式，他称之为消极的快乐，包括吸毒，佛教的寂灭、艺术活动和避世等四种形式，显然在这里是指为避免现实伤害而寻找的自我防卫机制——神经症则是一种心理防卫机制——尽管这是行为上的，但确实是非政治的，政治除了行为因素还要满足另一个条件，即众人的联合。而积极的快乐则是基于幸福的幻觉——亚里士多德形而上的最高的善——不是逃避现实，而是联合起来创造另一种替代性的现实，这就是为什么所有革命都少不了宣称"为了众人福祉"这一最古老的心理依据。在精神分析看来，没有经由个体行为所能实现的幸福或

---

[1] 弗洛伊德：《文明及其缺憾》，自《弗洛伊德文集》第8卷，车文博主编，长春出版社，2012年。

平静，即免于情感强度的震荡，如果有，行为上只能采取自我麻醉和避世的方法，而心理上则是强度各异的神经症，神经症作为人的常态，承受着内心大大小小的动荡和偏差——亚里士多德没错，快乐的缘由来自偏差——这恰恰是一种活的感觉，否则人就成了心如死水的活死人，弗洛伊德才说受本我和超我的控制，自我（ego）是防御部队，但我们的内心是"共和制的"。无论如何，幸福论的精髓在于人们受到幻觉的支撑，才能获得共同行动的力量。

这里的矛盾在于，亚里士多德的《政治学》中认为政治活动是所有技艺—实践活动中最高级的，城邦（政治）决定了人们共同生活的品质，而伦理学则关乎灵魂运动的真理，更接近心理学，但伦理学从属于政治学，用现代的话说，公共幸福由政治担保，比如负责任的（accountable）政府，那么个人快乐能由心理担保吗？好的政治决定了好的灵魂秩序，还是好的政治自然而然就能产生好的精神秩序？两者的关系是怎样的？抑或是一种互不相干的平行关系？我们更为熟悉的"私人幸福"或者最为明确的私人利益是怎么来的？在作为开创活动的政治现象中，公共幸福和私人幸福是如何体现的呢？阿伦特在《论革命》中提到一个非常有意思的例子：[1] 美国立国之初的联邦宪法受到拥戴，大部分原因是免除了殖民时期欠债人的债务。联邦党人约翰·亚当斯在1775年就曾遇到过欠债人的当面致谢，他的问题在于：难道这就是我们事业的目标，被一种非政治的企图所绑

---

1　阿伦特：《论革命》，陈周旺译，译林出版社，2007年，119页注释2。

架，随后他不太情愿的党派政治就开始了。

从亚里士多德开始整个西方传统就将自然和人做了区分，到了18世纪理性主义时代，不管是我们所熟悉的功利主义还是自由经济学说，它们的学说代表边沁也好，亚当·斯密也好，都认为自己是道德哲学家，或政治科学家。这里的道德论延续了亚里士多德的传统，即有关人、人的所有活动以及人间事务的真理，如果按照亚里士多德的区分，他说的政治学包含各种人的技艺和知识，人的灵魂、感受、情感及其抽象的德性，因此如何统治的知识最终归结为向善(One)。不管怎样，"幸福"(well-being)依然是最富有魅力的字眼，作为法理学家的边沁和作为经济学家的亚当·斯密，快乐和匮乏问题就是他们思考的起点，就是说法理和经济学都以灵魂秩序或心理学为起点，如果这是人的实存性根本的话，我们就会发现几乎与约翰·亚当斯同时代的边沁发表了他的功利原理，他在《道德与立法原理导论》开篇称"快乐与痛苦"是两位自然的主人：

> 功利是指任何客体的这么一种性质：由此，它倾向于给利益有关者带来实惠、好处、快乐、利益或幸福(所有这些在此含义相同)，或者倾向于防止利益有关者遭受损害、痛苦、祸患或不幸(这些也含义相同)；如果利益有关者是一般的共同体，那就是共同体的幸福，如果是一个具体的个人，那就是这个人的幸福。……共同体是个虚构体，由那些被认为可以说构成其成员的个人组成。那么，共同体的利益是

什么呢？是组成共同体的若干成员的利益总和。不理解什么是个人利益，谈论共同体的利益便毫无意义。[1]

可见现代思想不仅颠倒了亚里士多德——好政治带来好生活——并将让人快乐的利益，即快乐的条件等同于快乐本身，约翰·亚当斯的困惑在边沁这里，看来是多余的，关键在于他们对政治的理解不同，作为政治家的亚当斯，尤其作为立国者，在阿伦特看来，他们实际上是开创了新的权力，开创了让人们能够被看见的自由言说和自由行动的空间，或者她所说的"革命的珍宝"，并将政治和如何统治的知识区别开来；而与此相对的边沁，是在为政治立法，就是为统治立法，约束国家行为，个人利益的保障是一切的基础。但是在理性主义传统中，不管什么利益，什么目的，用边沁的话就是无论"任何客体"，都必须如自然科学一样，有清晰的界限和明确标准，这个标准或概念被政治—经济学捕获到了，并建构起经济和历史的规律。

## 2 经济扩张与政治消失

保障个人利益并没有错，但在主权国家的界限之外就很难贯彻了。再者阿伦特担心的是，根据自私自利的原则行动，恰恰是对公民

---

[1] 边沁：《道德与立法原理导论》，时殷弘译，商务印书馆，2012年，59页。

权的滥用，比如受民族主义支持的帝国主义的扩张及其政治上的失败。而当只关心"经济增长"——帝国扩张服务于这个目标——的政治经济学说成为主流意识形态的时候，其极端状态就是"政治消失"所带来的狂热的"全权主义运动"：

> 公共生活带上了私人利益总和的假面，好似这些私人利益通过单纯相加就会创造出一种新的性质。……他们将私人生活和个人行为类型单纯相加，将其总和看成历史规律、经济规律或政治规律。……（自由派的）这些概念仅仅是西方文化的旧标准和新阶级对"财产即充满活力的、自我运动的原理"的信念之间一种暂时的折衷。由于自动增长的财富实际上取代了政治行动，因此旧的标准就让位了。[1]

这里说的西方传统中的"旧标准"或"政治行动"，是指古希腊人将公共生活与经济生活严格地区分开来。在帝国主义出现之前，18世纪的资产阶级理论家们，包括霍布斯，几乎都持有这样的观点，财富积累或个人利益等同于公共利益。在《帝国主义》部分，阿伦特着重分析的"全权主义"结晶体元素包括：对聚集财富的无限向往发展为对无限权力的向往，权力的目的仅仅是为了权力，并

---

[1] 汉娜·阿伦特：《帝国主义》，见《极权主义的起源》，210页。

以暴力为主导，从吞并、攫取财富到"吞并星球"的渴望直至自毁。但一个更深的结构性元素就是"竞争型"社会必然制造大批的失败者，这些沉默的大多数在当时的德国社会，成了"全权主义"政治动员的主力军。对财富、权力的狂热追逐全面淹没了政治生活的传统。

政治生活的传统以"城邦"作为范例，言说和行动被阿伦特定义为政治的基本内容，并打击了现代人基于"安全"和"稳定"的社会幻觉以及伪装起来的无可奈何。人之为人的条件总是回溯性地返回古老的现场，在"政治动物"和"经济动物"之间反复对比，检视社会的兴起和公共空间的衰落。公共领域的高贵和敞亮，在亚里士多德那里，是通过排除私人领域的晦暗而获得的，后者照料"政治动物"的动物性需求，其中包括一些实用性知识，都是由奴隶来掌握的，亚里士多德在《政治学》中说他们是会喘气的工具，但不是"致富术"（经济利益）的工具，他们属于主人的部分，如同灵魂和肉体的关系。因此，奴隶劳动是主人的自然属性的外化，冒险和勇敢成了主人的德行，尽管没有生产性，没有可感知的物质对象，但主人意识的否定性朝向奴隶意识，奴隶意识的否定性朝向物，这正是黑格尔主/奴辩证意识的来源。一种历史意识的可见性，被黑格尔的优异读者、哲学家科耶夫解读为"斗争—行动"。[1] 其次，无生产性的主人意识如今抽象为一个想象性的空间，即市场，和雅典的 *agora*（集市）不同的是，显现自身和无产品的言说与行动消隐了，聚集在这里的是劳动力和劳动产品，两个概念的交叉项是"劳动"。我们知道任何劳动总是具体的，但马克思说的"抽象劳动"是指劳动这个具体的行为以商品的面貌围绕着"市场"的虚无性流通—旋转。德国经济学家索恩-雷特尔认为，当原始的生产和使用的同一性破裂之后，在这里发生的只有一种非常抽象的行为即交换，交换行为既不在生产过程也不在消费行为中，并被

---

[1] 《黑格尔导读》第二版序言，是科耶夫针对《精神现象学》中主/奴意识章节的注释性翻译，他的译注最突出的表现在于大量增添了原文中没有出现的"人"的概念，而黑格尔说的"人"是一种艰辛的意识斗争和跋涉，在最后的精神环节，"我"是一件完成了的艺术品，当然科耶夫发挥了黑格尔的思想，人是行动—自由的存在。科耶夫：《黑格尔导读》，姜志辉译，译林出版社，2005 年。1967 年，阿伦特曾将科耶夫的书《黑格尔导读》寄给海德格尔，可能是科耶夫关于行动的解说让她感兴趣，海德格尔的回应是科耶夫仅仅把《存在与时间》当作人类学来读了，1971 年，阿伦特又将科耶夫的《时间与概念》一文寄给海德格尔。在另一封信中，海德格尔认为人群聚集的"公共领域"是"阴森恐怖"的。《人的境况》本来有题词，是献给海德格尔的，但阿伦特没有办法征得对方同意。海德格尔从未正面回应过他对该书的看法，书信文献整理者根据阿伦特的遗物，考证出他们在 1968 年 9 月的会面中谈到过这本书。见《海德格尔与阿伦特通信集（1925—1975）》，乌尔苏拉·**鲁兹**编，朱松峰译，南京大学出版社，2019 年。

另一个空洞的等价物货币所标记。[1] 而亚当·斯密在《国民财富论》中所说的"看不见的手"成了看不见的"主人",所有的知识和实践服务于这个"主人",货币与市场表征着(主人)时间/空间的同一性,它发号施令,人执行,作为执行者的个体就这样处在了"奴隶"的位置上。一个奇妙的东西出现了,围绕"看不见的手"空转的交换行为,如红舞鞋一样停不下来了,买进卖出的永恒性绑架了经济动物,不是人的交往(association),而是在理性同一性的思维作用下,高度抽象的交换——一切可以交换一切——现在将人联合起来的东西,阿伦特称之为"社会的兴起(social)",而不是世—界,不是现象学的时间—空间,出离的否定性。

18世纪英国哲学家洛克在《政府论》中,通过财产权定义个体性(individual),即人格完整性外化为不可分割的物的完整性,而人格同一性和所有物的完整性相对应,同时也是交换行为的条件设定。索恩-雷特尔认为,首先要确定什么是你的,才可以把你的变成我的,即

---

[1] 索恩-雷特尔扭转了马克思在《资本论》中的论点,交换并不一定是过程性的,在称之为市场的公共领域,交换行为是抽象的,并不包含对物的实际使用,但使用的表象存在于这个领域,对生产者和消费者而言都是一样的。交换如同客观综合的先验物,因而不是生产而是交换行为导致了社会化,一种高度抽象的时空统一体。他用抽象交换来取代马克思的抽象劳动,即从知识论的同一性定在,来推导主体论的经济学表述,商品的价值和劳动量没有关系,取决于它在交换居有体系中的位置,这里涉及政治暴力、权力和意识形态。与其说私有制决定了交换行为,不如说私有制是抽象交换的结果,并与交换所形成的社会同一性达成一致。与之相应的是,福柯在《词与物》中区分了交换行为和交换表达(articulation),后者如同词在语法结构中的位置,意义也好,价值也好,产生于语法结构。阿尔弗雷德·索恩-雷特尔:《脑力劳动与体力劳动——西方历史的认识论》,谢永康、侯振武译,南京大学出版社,2015年。

交换行为才有可能发生，但这实际上是抽象交换所达成的社会统一性的结果。尽管人类学家毛斯和列维-斯特劳斯都发现原始交换是人的本能和文化的结构性元素，"礼物"和符号的交换，产出的荣誉感和行为意义，如果这些无形的产出全部被纳入经济行为中，并决定着这一本能的其他形态，其表现为社会性交往和思想性交流，那么交往和交流行为的非对象性和非生产性，就会在货币核算中处于劣势，并受控于经济目的。"交换无意识"构造起了千丝万缕的联系，这联系被称为社会的，驱逐了公共性，这包括"被看见、被听见和他人在场"，属于一种现象学的确信和实在感，如同黑格尔说的"简明的真理"，私产权所规定的私有性（privacy），剥夺（deprive）了人的公共性：

> 过一种完全私人的生活，首先意味着被剥夺了对一种真正人的生活来说本质重要的东西：被剥夺了从被他人看见和听到中产生的实在性；被剥夺了一种在一个共同事物世界的媒介下形成的，使人们彼此既联系又分离的"客观"关系；被剥夺了赢得某种比生命本身更长久的事物的机会。私生活的贫乏在于他人的缺席；就此而言，私人无法显现，从而他存在就如同不存在一样。他做任何事情都不会对他人产生意义或影响，对他重要的东西对别人来说无足轻重。[1]

---

[1] 阿伦特：《人的境况》，39页。

这里指的是一种现代经验,即财富、积累、占有和政治的幸福与自由概念混淆并被捆绑在一起。经历过全权主义统治的人们可能会对此表示惊诧,他们曾被剥夺的难道不是私有权和私人生活吗?这难道是针对剥夺的剥夺,一种辩证法?隐秘地占有如果属于"私人幸福"的话,恰恰是它的隐秘性处于一种无言的状态,古希腊人的财产包括房屋和奴隶,都是不会言说的存在,交换是在奴隶主之间进行的,交换者并不从事生产。财产是无言,无言的存在被排除在公共生活之外。在古罗马,法学家发明的一个词:普罗列塔利亚(*proletarius*),即英文的无产阶级(proletarian),原意是只会咩咩叫而不会言说的人。人和财产的关系是脆弱的,黑格尔在《精神现象学》中甚至认为,所有权不是本质性的,物有自己的目的,个体性只不过是给物的自由制定法则。[1] 占有的公理所产生的个体性是给物的自由打上扭结,类似于精神分析所说的"情结",免于堕入无限性自由的危险。抽象交换如果是"无意识"的话,其延伸的行为占有和使用,恰恰表明人无法控制它。专注于人和物的关系,使得人们丧失了人与人之间的联系。正因如此,人们联合起来的权力变得稀薄了。这种联系起来的权力既不是来自上面,也不是来自下面,而是横向联合,在阿伦特这里当然以雅典为例。无论是古典的自由人之间的平等,还是现代的平等之人的自由,其实指向的都是众人之间的那个世界有没有被照顾和看护好;否则,全权主义就如沙尘暴般席卷摧毁一

---

[1] *Phenomenology of Spirit*, 430–434.

切,所谓的政治就成了操控人的鞭子,如驱策畜群一样。

## 3 理性算计与自身性的幽暗

到了现代有一个转换,从财产到财富的积累,量的增长成为新的权力话语,不是自身性在伙伴中的显现,而是经由财富产生一种控制世界的感觉,或者因为积累所带入的时间性元素,不仅仅是控制世界,更重要的是产生一种创造历史的幻觉,在这个意义上我们才可以说政治的和经济的合为一体。财产、财富、积累所构成的序列,占据了人文主义的中心。当我们考察历史和社会的时候,第一个反应就是马上找出一堆经济数据,来衡量政治—统治的合理性。当占有的扭结为物的自由立法的同时,人将自己定义为"劳动主体"。洛克在《政府论》中认为占有的根据是劳动,马克思就是在这个意义上说,劳动创造历史。至于人为什么必须劳动,马克斯·韦伯根据新教伦理精神,认为是为了成为上帝的选民;人类学家说是为了克服死亡的恐惧,这类似于黑格尔的说法,奴隶惧怕死亡,活在"怕"之中;经济学家则认为是为了克服资源匮乏,这里的匮乏和古典意义上的匮乏不同,后者是说正因为有匮乏,比如苏格拉底就认为匮乏表明一种无知状态,一种不完善的状态,人才去欲求智慧和完善,从而产生了哲学(philo-sophy,追求智慧)。经济学则将匮乏定义在生活资源上,资源总是紧缺的,那就生产更多,具体到个人感受就是,钱总不够,那就拼命劳动。这样一来,公共的福祉在于共同财富(commonwealth,在17

世纪英语中指国家)的累积,私人的幸福在于财产增值。必须劳动,或者说必须让劳动服从于交换,让人的有限性限定在经济学的数学模型中,总能运算出匮乏是什么,同时也意味着总知道需求的对象是什么,但不一定理解人的需求本身。究竟谁知道,这个谁并没有面孔,但需求的对象总在不停变换。对此,福柯与阿伦特几乎处在同一个生命政治的立场上,发现了自身性的幽暗。福柯甚至将人类学所思考的生—死纳入人口控制的社会管理中,生命如商品一样,过剩问题凸显,正是围绕着生产与消耗:

> 这样,生与死恰恰将相互对立地被确定,表面对表面,这两者都因其对抗的推力而无法行动并得到加强……在大写历史的严重侵蚀下,人将逐渐被剥夺那使人自己的眼睛对人视而不见的一切,人将逐渐耗尽所有这样一些可能的要素,即这些要素有点弄乱和在时间的允诺下回避了其赤裸裸的人类学;通过漫长的但不可避免的和强制的道路,大写的历史将把人一直引导到一个真理,这个真理使人在自己的面前停滞不前。[1]

福柯的意思是说,政治经济学模拟了人类学的生死范畴,作为欲望机制的模拟物,"人的复本"(doubleness)操控并规训着生命活动,

---

[1] 福柯:《词与物》,338页。

人反而成了复本的产物。在此,劳动还不是阿伦特所说的那样"无法提供持久的价值",她也意识到了亚当·斯密和洛克的劳动概念仅仅是理论的前提。斯密在《国民财富论》开篇提到,交换是人的本能,占有是人性使然,而市场则是交换发生的场所,显然人类学在为经济学奠基。斯密指出,教育—智识是四大固定资本之一,而劳动力自身作为资本,被经济学所规定的资本纳入薪金成本的计算之内,那么在三大生产要素即资本、土地和劳动力的划分中,其中的两项并没有明确的界限。这是事情的一个方面。而另一方面,体力和脑力的投入,受个人"欲望"驱动,而欲望作为驱动力本身是无内容的,人要着我的要,"要"的总体性符号就是货币,这个空的符号可以中介一切活动对象,并外在于活动本身,正如劳动背叛了劳动力。但今天的问题是,劳动力如果是资本的话,这就出现了福柯所说的"人生产人"的状况——人与他们所生产的东西同化了——与阿伦特所说的言说和行动是"人作为人的产品"不同的是,无论主体性生产也好,欲望对象的生产也好,都受制于知识框架。公共化的生产将自身性藏匿起来,被商品的可见性替代。另外,商品这象形文字在代替我们说话,人不仅在自动地成为无言的"普罗列塔利亚",社会交往(association)和思想交流(communication)所诉求的安全、稳定与秩序,受控于一种自动无意识,局部抗争是为了走向另外的规训,在国家这个自动化系统中争取某种承诺。自动化控制吸纳了我们身体的力量和智识的力量,"系统性的愚蠢"反而加剧了人对自动化的依赖程度。知识,正如斯蒂格勒所说,外化为机器—智能,数字自动化让人的知识才能报废,甚至包括社会组织制度的自动化运行,对此,人会启动记忆机制以便防卫,这机制就是精神分析所说的撤返,并完全脱离理性的考量。[1]

理性考量实际上是基于利弊的权衡,经济学的存在似乎在告诉我们利弊不可能是一种主观的判定——正如人们针对劳动的主观态度变化一样:在古代是卑贱的,在现代是高尚的——必须客观化、外化为可认知的对象,比如利润或生产总值。问题还不在于人必须劳动吗,而在于如果经济活动是所有生产—交换行为的总称,那么人必须进行商品交换吗,即人必须服从经济理性吗。在黑格尔那里,异化或外化是必须的,一旦外化,这异于人自身的存在就成了无机物,或杂货铺的货架,货架仅仅是为了保存某些东西,但它们是无生命的存在,正如制度和习俗像生命的防腐剂一样,但生命不能以防腐剂为生。如果交换本能或无意识,在古典哲学是自然天性,在精神分析是死寂的大他者,正如自然界万物的静默生长,自身性或精神的自在就成了永恒的否定性,一种不可克服的障碍。欲望机制(eco-nomy,由生态和正常、法则两个词根组成)在弗洛伊德那里遵循 libido 内/外

---

[1] 斯蒂格勒警告的是,自动化和智能机器是人的知识外化,或者异化的加速,已经脱离了黑格尔所说的奴隶劳动外化的自为性,也不是马克思所说的劳动者的劳动量,机器更加人化了,而人更加非人化了。自动化社会不是马克思认为的那样,资本主义的矛盾在于利润下降,而是 libido 能量的衰减,熊彼特讲的"创业型经济"对此也于事无补,正如德勒兹所说的公理的意义已经耗尽,必须开发无意识这块危险的资源,具有创造性和生产性的是非对象化的欲望。Bernard Stiegler. *States of Shock: Stupidity and Knowledge in the 21st Century*, trans. Daniel Ross, Polity Press, 2015, pp. 367, 369, 378.

的循环,在后弗洛伊德那里,无意识作为否定性的力量得到强化,辩证法更强有力地进入精神分析,而资本主义的剩余价值是作为症状得到理解的。[1]

## 4 交换、交易与交流

劳动服从于交换无意识,或亚当·斯密说的本能,让经济学成为人文科学之显要的关键,即对人的认知只能从经济行为出发,专注于行为对象并和意识哲学剥离。经济学家米塞斯表述得最好:(哲学)抽象理念无法解释社会协作中的集体意志是如何产生的。因此,"我"(ego)和我们没有区别,而不顾及利益考量的变态(abnormality)在经济学里没有存在的地位。[2] 就是说社会已然存在,"我"和"我们"在经济行为中没有冲突,米塞斯采纳古希腊的时间观,一种绝对

---

[1] 德勒兹根据精神分析,遗失的欲望客体不能被充分编码,libido 的投注机制运行总会有剩余物,在社会综合形式之外,他和弗洛伊德的不同在于,受拉康的影响,他认为本能和升华是相伴随的。流通的规范化模拟了生命欲望的潮涌(flows),不管资本家抽取多大的利润,这些剩余该如何制造出新的意义呢?货币的功能不是量的累积,而是标记交换行为,而交换之所以能够产生是基于差异,最终钱追逐的是差异的生产,即"交换无意识"的生产性。Gilles Deleuze and Felix Guattari, *Anti-Oedipus*, trans. Robert Hurley, Mark Seem and Helen R. Lane, University of Minnesota Press, 2000.

[2] 经济学探究正常人的正常行为,设定一个行为的常态,即"行为的目的是想以较满足的事态来取代不满足的事态。我们把这样一个意愿的代替叫做交换",从不满到满足的一种心理状态,米塞斯称之为意愿。对时间之流的克服只能诉诸未来,代表一个目的,起源思考的反思被排除在外,因此,德国国民经济学家和哲学家索恩-雷特尔才说,"交换无意识"既非人的行为根据,也非行为原因,而是整个知识论传统中的大一(One),米塞斯的说法是经济学是最严谨的想象性建构。见米塞斯:《人的行为》,夏道平译,远流出版事业股份有限公司,1997 年,157、165 页。

的运动体现在经济活动的"变"之中,但确定性受行为目的担保,时间像一条直线,贯穿人的生命,但他又补充说,变得更好的目的是价值判断,好坏的标准是变化着的。人的行为总指向未来,时间不可逆,那么时时刻刻的交换行为同时满足时间运动和时间向度,经济行为自然而然地就是这个样子了,没有起源问题。和政治生活(bio politics)不同的是,经济行为以财货为中介,不仅人自身的显现被彻底抹除,任何事物也不可能如其所表象的那样存在,如果人的价值在于劳动及其产品,而产品的价值是在交换体系中表现的,这个交换体系构筑起另外的时间空间——相对于哲学的时空观——时空高度抽象的记号就是货币,那么货币就成了精神分析中所说的欲望客体小 a:实存着,但又是不透明的;超感官的,但又是人人都熟悉的;尽管熟悉,但依然陌生异,货币既非物质又非心理的,人并不知道它究竟是什么。"一种死的东西在自身之中运动的生命",[1]盲目地控制着人的生命运动,这是黑格尔在耶拿时期对货币的评价,而他的精神概念恰恰是要克服外显的时间,亦即克服货币对时间的统治。

人与人之间的自由交往,政治生活在一定程度上塑造归属于人的意义。这就是为什么在亚里士多德那里政治学包含了伦理学,我活在我的身体里正如我活在城邦之中,活在世界之中,而经济交往属于其中的一小部分,并不等于全部。主奴意识的斗争让自身性显形,

---

[1] 黑格尔:《耶拿时期的实在哲学》,转引自洛维特:《从黑格尔到尼采》,李秋零译,生活·读书·新知三联书店,2014 年,362 页。

这样黑格尔才和斯宾诺莎站在一起,因为灵魂和身体是通过同一个个体,在思维活动中其二分才有可能。当人为的一切成为第二自然,人文科学与自然科学共享着某种科学规律,经济学要做的就是规避冲突,刺激并制造需求,为需求立法,如果我们不考虑人的心理实存及其欲望结构,以及人作为言说的存在(speaking being),正如米塞斯所确定的,人的行为必须根据他和财货(goods)——利弊可度量——的关系才可认知,物的历史能做的只能是如哈耶克所说的,对于已经发挥了作用的事物,人只能进一步去理解它,进一步改进它发挥作用的条件。

经济学必须预设一个集体意志,不仅是前提条件,它还是一个初始的功效。集体意志其实是指共通的交换无意识,其效能是居有,索恩-雷特尔认为居有不等于剥削,接近黑格尔所说的物的自由和所有制的关系。私产权作为自然权利在黑格尔看来是权宜之计,从供给端,人们赞成国家层面的再分配,从需求端,人们则认为属于我的那份越多越好,因此当物(thing)在宣示一个主人的时候——就精神现象而言,私有制起源于犹太教——所有权只不过是被个体性所渗透的现实(actuality),这神圣的不可侵犯的规定性和逻辑理性的规定构成了整个规范化的现实。所有权规定了自身的同一性,差异环节才得以展开并与差异产生互为关系,比如功利主义所说的"人人为我和我为人人",如动物般呼吸着生命的气息。[1] 用索恩-雷特尔的话

---

1 *Phenomenology of Spirit*, 398-400.

说,知道什么是你的,什么是我的,交换—循环才启动。从立约行动产生的意义就成了意识行动自身的对立面,即现实性和真实性(reality)的对立,当意识行动以自身为目的时候,规定性就会瓦解,这就是政治时刻的显现。

在《人的境况》中,阿伦特试图提出的问题是,社会化的经济行为为何具有如此巨大的魔力,政治行动是如何被经济行为所消解的?她专注于行为的考察,卑贱的劳动和模拟自然循环的生产都无法让人显现自身——相对于城邦生活而言——但她忽略了经济的内核即交往,移花接木般神奇地取代了人与人之间的自由交往。因此并不是说劳动和工作遵从动物般的自然循环,也不是"身体的劳动和手的工作"的区分——不应忘记的是,作为手工业者的技艺人,其结成的中世纪行业公会是资产阶级的雏形,而且将技艺人的利益诉求登记为财产共和国的宪政基础——而是整个知识型的转变,如福柯所说的那样,人从未诞生,也谈不上死去,一切变成了知识之内和知识之外的对抗。[1]

当黑格尔将国家理解为客观精神的时候,经济学最清楚这个"客观"是什么,当然也理解政治是什么,因为货币是由国家印发的,好经

---

[1] bio,生命、劳动和语言,喘着气、说着话、劳动着的存在,"人"分别出没在生物学、经济学和语言学中,涉及200年来知识对象的转变,自然史、博物学、矿物、植物和动物,可以从一端滑向另一端,生命没有清晰的界限,但是一个分类范畴。分类取决于一个确定的标准。直到19世纪,在康德、狄尔泰、柏格森那里,生命逃脱了与自然知识的批判关系,人的生命单独成为知识对象,并一般地对其他批判负责,生命获得的权限就是以自己的名义来影响所有可能的知识,语言和自然的紧要关系不再是简单的陈述描摹,而是在康德的综合判断中,从命名权转向了归因问题,即人是目的。见福柯:《词与物》。

济和好政治重叠。正如索恩-雷特尔所说的,货币是超感官的实存——哲学中的自由理念——如"社会基底的神经",纸币也好,电子货币也好,货币是交换行为的即刻记录,更何况当金融交易完全脱离了物质性商品对象的时候,货币自身成为商品,并企图刺激整体性的社会基底神经。就行为而言,劳动和消费总是统一在个体这里,这刺激加速了个体神经症的爆发。米塞斯说的没错,总是指向未来的经济行为,无数个此时此刻被未来绑架,购买未来是因为担心未来的丧失——弗洛伊德认为担心一个未曾拥有的对象会遗失,现代忧郁症就爆发了——是同一时间戏剧的两面,对此,阿伦特的政治现象学是正确的,和经济学的时间观相对抗的在于:在过去与未来之间。瞬间的交换行为被表征为货币符号,即欲望对象的总称,货币同时满足了实践和理论两方面的要求,既非抽象又非具体,哲学的自由交往概念被体验为自由交易,行为和行为结果剥离。共通的交换无意识本身没有任何内容,通过将一切事物予商品化,社会化连接作为其效能才发挥作用。任何具体的买卖都被归结为总体化的无限流通,不是精神和物质、内在和外在的互化和生成,而是为了交易而交易,这才是经济活动对自由和无限性的应答,和创造空间的政治行动相比,经济活动目的正如索恩-雷特尔所说,企图用物占满一切空间,物的交往模式取代人的交往模式。

## 5 在众人之间发生了什么

货币在阿伦特这里,不是主要的分析主题,她认为货币仅仅是一种通用的尺度,人的自由显现变成了物品的显现。她把商业集市等同于市场,这个场所成了技艺人的公共领域。沉思生活也好,制作生活也好,都是秘密进行,不需要他人的在场,在思维活动和制作活动中,世界性或公共性都是缺席的。关键的问题并不是说古代人和现代人有多大的区别,改变的是相互显现的行为,而世界性在她这里犹如一个无形的共通场所,不在对象化的知性理解之中,而在人的感觉之中。物的交换通过等价性,(货币)交易取消掉的正是内在价值的生成。随着公共空间消亡的是建造世界的能力,世界的生成性静止为一个可操控的对象,因为世界仅仅是有形的物理意义上的存在。其实最根本的还不是剥削的产生,索恩-雷特尔追溯剥削产生的历史,他发现基于剥削的交换发生在部落或城邦之间,而源自控制权的剥削,掌握在战争胜利的一方,在黑格尔那里指战胜死亡恐惧的主人意识,一种非连续性的出离的时间形象。人类学意义上的交换在部落之内和部落之外,前者为了荣誉,后者则为控制权的争夺,正如列维-斯特劳斯所说的外婚制,交出自己部落的女人所形成的亲属关系,构造了原始的政治联盟。而到了现代,在既定的时空结构中,控制权和交换一同发生,只要经济活动没有受到干扰,社会秩序就能得到保证。人们埋头专注于属于自己的部分,就等于参与到了整体之中(take part)。从社会性的角度看,这等同于无差别的数或份额,正如康德在《纯粹理性批判》中谈及先验反思的时候所说的,一滴水和另一滴水在数值上等同,同类的单个生产力量的总和为一个经济体的生产总值,一个外延的量,或某种知性对象。但在先验反思活动中,一滴水和另一滴水具有差异,可以直观的位置差异,如果对应于数量,就变成两滴水了,但是即使不会数数,人的记忆也能区别位置的差异。逻辑反思的外延的量在米塞斯那里就是连续的经济时间。个体性除了分有(take part)之外,部分之和的社会性不同于公共性,也就是阿伦特说的和世界性的区别在于:

> "公共"一词表示世界本身……这个世界不等于地球和自然,后者作为有限空间,为人类活动或有机生命的存在提供了一般条件。与世界相关的是人造物品,人手的产物,以及在这个人为世界中一起居住的人们之间发生的事情。在世界上一起生活,根本上意味着一个事物世界(a world of things)存在于共同拥有它们的人们中间,仿佛一张桌子置于围桌而坐的人们之间。这个世界,就像每一个"介于之间"(in-between)的东西一样,让人们既相互联系又彼此分开。[1]

---

[1] 《人的境况》,34页。"居间"(in-between)还是一个现象学术语,涉及主体间性 inter-subject,即外在于彼此的主体在哲学上强调完整性,阿伦特发挥这个术语,将"居间"位置看作众人言说和行动的空间,并构成"世界",从而政治地实现现象学意义上的协同主体(co-subject)。

在众人之间发生了什么(take place),占位和物的居有不同,阿伦特的意思是每个人的位置或界限,不是孤立的对应物,而是为了防止相互倾轧,政治的共在——人们围桌而坐的比喻———个众人围拢起来的处所即公共空间,其非规定性的,而是创生性的。这样的公共性不同于社会化的同类量的统计,更何况没有谁能穷尽社会化的类别,社会是杂多的存在。差异只能是复数之人的差异,阿伦特常常以上帝造人的性差异来举例,差异性的共在(being-with)之在发生了一个共同拥有的无形的世界。因为除了外在的无差别的量的规定性,在康德那里,人之于显象的先行把握还存在一个瞬间感觉(同时性),即一种强度的量,相对于空间性的时间序列(数),他称之为"时间的内容"。这个强度的量无法计算,不同于领悟的综合,表现为强弱的渐变,这个实在的东西虽然有一个量,但不是广延的量。[1] 由此,阿伦特所说的在无形的间距—世界之中,有感觉的人不可能简单地将自己把握为一个单一的外延量的存在,即物体。感觉的实在属于具有生产性的想象力,因此,"事物的世界"之物性(thinghood)要么是一种感觉实在性即信念,要么就是被对象化的确定性,其符号就是货币,货币积累到一定程度,巨富们一定会成为某类宗教的信徒。

在观察人类经验,并试图以"积极生活"为主轴——现象上的范

---

[1] Kant, *Critique of Pure Reason*, trans, Paul Guyer and Allen. W. Wood. Cambridge University Press, 1998, p. 291. 康德把内在纯粹感觉的程度规定为稳定连续的性质,即质的范畴的先验条件,而其他的一切只能留给感觉性质的经验性。关于感觉强度的问题,在本书第四章会进一步探讨。

例就是雅典——批判现代活动的时候,阿伦特忽略了政治经济学的系统性,因为劳动—工作和行动相比,不是秩序上的先后问题——她喜欢使用和秩序相关的"颠倒"一词——但她对政治的政治性创见在于,通过对政治活动的现象标画将政治学从理论推演中解放出来,纸上的政治和鲜活的政治现象被她分列为沉思生活和政治生活,和其他实践活动相比,政治活动在某种意义上和艺术创造活动相关,也就是和自身性相关,当然政治生活的条件中包含了人的思维能力,和政治活动最切近的能力在于审美判断。

阿伦特非常赞同马克思所说的异化,但拒绝他的历史目的论。她认为能够和劳动异化对抗的只能是积极行动。更何况人要着我的要,总会有欲望残渣的盈余,而我的"要"无法在交换中全部兑现,拿着这剩下的钱该干点什么呢?就此而言,政治行动也不会比经济行为更加盲目,但后者似乎比阿伦特所说的联合所产生的力量更加显而易见,一种外在强制性使得任何行为不是通过行动的光芒照亮我们共同拥有的世界,而是说自身的可见性必须通过结构性的经济活动得以投射。

黑格尔在《精神现象学》导言中指出,人和自然相遇,领会到了自然的自在,并将其内化成自身性,自我意识作为斗争平台,即主奴意识的辩证法才开动起来,接着马克思才跟进,分析商品的神秘性,这如第二自然般的存在,并将黑格尔精神的逻辑元素"外化"(exteriorization),改造成了抽象劳动中人的异化,其被体验为社会关系,即"人是社会关系的总和",于是,改造社会关系就成了革命的首要任务。人的意识被识读为商品意识,这样一来就将黑格尔意识辩证的心理内容排除了。奴隶意识被黑格尔纳入历史主体的思考中,辩证地理解就是为自然造型与为精神造型,在他的哲学体系中,自然—逻辑—精神是三位一体的,而劳动不是为了生存的必然性进入某种自然循环,而是说通过劳动的顺从与侍奉,人异于自然—主人—自在,自然的异化以产品的形式得以被看见,存在的恐惧与战栗才进入意识。他的精神概念恰恰是要克服外显的时间,亦即克服货币对时间的统治。当劳动以工作的形式固化下来的时候,人获得的仅仅是奴隶状态下的自由,而非无中生有的行动自由。

当马克思说劳动创造历史的时候,他实际上是在向黑格尔提问:国家—政治的真理是在社会之外还是在社会之内?黑格尔在《法哲学原理》中将市民社会的财产共和国看作精神的一个环节,成为市民(bourgeois)和成为公民(citizen)可以是同一个人,因为他不赞成彻底的革命。从历史经验来看,私有财产不可侵犯,由中世纪行业公会生长出来的特殊利益共同体——城市手工业人群体——作为逻辑的特殊的环节,不可能实现国家精神。黑格尔也赞成回到城邦,但"城邦"辩证地生成为"国家",一个新的伦理共同体,在其中,人人都能感知到"在家的自由"。黑格尔精神演绎的主奴辩证法被切去了一半,创造世界和改变世界,劳动改变自然,同时劳动创造历史,那么这历史依然是物的历史。在政治经济学的框内,改变历史也好,改变生产关系也好,改变的依然是人和物的关系,比如所有制,依然在政治经济学的框架内;对此,米塞斯在评述时说,这只不过是一种失败了的资本主义,也可以说是一种失败了的政治经济学。不管是马克思的人的自为劳动,还是斯密的交换本能,18、19世纪的思想都在起源问题上共享着一个自然基础,即理性的神圣前提拒绝提问和分析,这个自然正当性具有唯物的性质,试图在科学之中占有一席之地,那么自然规律就和历史规律一样,带有不可扭转的必然性、确定性和唯一性。

## 6 重思社会之社会性

阿伦特的劳动观则取自古希腊,但她强调人类境况的条件中有一种不可言说、无从对象化的"身体感觉"(快乐和痛苦)锁闭在自身之内——很容易让我们联想到精神分析——它先于一切劳动和制作过程,如普罗米修斯的反叛,反叛的工具是他带来的技术。这个无法言说的对象被技艺人(*homo faber*)的制作"理念"(*eidos*)取代,生产和消耗再也不是无意义的自然循环,而是抽象为一种社会化的总体目的。另外,对象化的制作(*poiesis*)结果还产生出巨大的社会关系网络,如"食人怪兽"(blob)[1]吞噬了政治活动的空间。和"社会兴起"相对应的就是"政治消亡"——这也是政治哲学诞生的背景——属于"技艺人"(专业人士)的社会领域是建制主义和官僚主义的,因此在

---

[1] 美国政治学者皮特金专门研究了阿伦特的"社会"概念,将阿伦特所说的"巨大关系网"比附为科幻电影中的"食人怪兽"。H. F. Pitkin, *The Attack of the Blob*, The University of Chicago Press, 1998.

阿伦特这里，官僚主义的极端版本正是"艾希曼现象"，政治的公共性被客观化、抽象化的制度—行政—命令系统取代，鲜活、具体而确凿的"生活世界"消隐在谁也不用负责且无须承担判断义务的某种机器装置之中。

消耗和消费对于阿伦特来说没有区别——消费主义可以看作这种总体性的符号交换网格——劳动产品的耗散性和速朽性与精神的永恒性对立。奴隶劳动是在家庭这一自然范围之内，并为政治人的闲暇提供帮助，但阿伦特忽略了人类学的交换无意识，她把交换行为理解为一种外在的强制性。从古代的视角来看，技艺人的生产就是现代版本的工作，诸具体劳动经由产品交换行为为抽象的社会生产，古代的"技艺人"演化成了具有专业技能的现代中产阶级，这个阶级在19世纪发挥了革命的功效。就政治而言，行动着的人在阿伦特那里没有基于经济差异的阶级区分——经济成了唯一的划分标准——她习惯性地将城邦公民等同于宪政制度下的公民，因而现代公民的阶层问题不在她的考虑范围之内，或者说社会的经济领域恰恰是她要反思的对象，因为公共事务不能等同于社会性事务：

> 与其说现代的隐私与政治领域相对，不如说与社会领域相对（古代人不知道社会领域，对他们来说社会领域的内容就是私人事务）。这里决定性的历史事实是，现代的隐私就其最重要的功能是庇护私密性而言，不是作为政治领域的对立面，而是作为社会领域的对立面被发现的，从而它与

后者有着更紧密更真实的联系。[1]

现代意义的公/私划分,作为逻辑对子是普遍性的两种功能,对此,马克思发现了劳动异化所归属的社会抽象,弗洛伊德发现了归因于欲望异化的家庭抽象——家庭生产合格的社会成员——因此这两个领域和阿伦特援引的现象学术语"世界性"不同,"更真实的联系"发生在福柯所说的知识型的演化中。公共化的生产行为自行产生的联合是抽象的,因此人对自身性的关照不同于古代的是,所关照的事物必须对象化。如果社会的是非政治,所有的社会批判理论就在其"敌人"所规定好的范围内兜圈子了。尽管政治经济学看起来是在为物的自由立法,但这仅仅是权宜之计,人的自由被物的自由所牵引。货币既非物质的又非心理的,但货币是可直观的概念,谁持有货币资本谁就持有普遍的权力。与此同时货币资本所面临的,恰如马克思针对无产阶级所说的,产品从他的手里飞出去,货币也从资本家手里飞出去了,寄生在劳动力身上。劳动力和生产力共有的力的概念,在古典经济学那里指形而上的统一的牵引力,在精神分析那里是指个体冲动,整体和个体捆绑一起纳入货币的符号的表征为抽象的量,而结构性的冲动不可量化、只能唤起。

亚当·斯密将人类能力对象化的总体称为资本,他的"自利"概念类似于黑格尔的精神概念,但后者作用于人的意识,所愿和所成总

---

[1] 阿伦特:《人的境况》,24页。

有间距，并为行动提供了可能性。在黑格尔那里，行动的盲目性在于开辟了一个新的活动空间，这与古希腊的身体—空间性吻合，领会自然（*physis*）说的就是像自然那样，无须人为算计的扭曲和改造，从自身中涌现出来的东西，在海德格尔那里则是此在的范例。当所愿成为抽象目标，所成就变得具体了，不是被看见，而是能被计量的才有价值。而计量既可指向过去，又可指向未来，行动—空间转向时间性元素的时候，抽象的所愿就疯狂地将所有可能性转化成未来事物，比如房产抵押和基础设施建设，时间成了资本的实存，但是资本可以实证性地显现为可量化的支配力（投入）和购买力（支出），正如生命个体的呼与吸，买进卖出是经济的重要生命体征。

随着新技术的到来，另一种停不下来的行为，成了交换行为的变种。以智能终端为介质，随时随地占有人的时间和空间，机器时时刻刻都在记录这种占有活动，在这个意义上，不管体力劳动还是脑力劳动，劳动者反而承受着双重的占有。智能终端的占有和工作对人的占有相比，看起来好像是一种社会性的累积，比如流量就不可能被货币所表征，或者是对货币的复仇，让资本基于劳动分工的局部积累无所适从。基于对数量的习惯性反应，这种让资本家血脉偾张的数字积累，强化了盈利的诉求。非常有意思的是，风投资本所偏爱的互联网流量不可能直接兑换成消费能力的支出，新技术产品承认自己活跃在时间剧场，其叫市场估值，是估值不估价。就是说当金融算计度量一个未来时间的时候，根据亚里士多德，时间同时也被运动和变化所度量。柏拉图在《蒂迈欧篇》中明确指出，时间是运动的影像。这个运动的影像对应弗洛伊德的无意识影像"梦",这样一来,资本的动态统治如何因应人的欲望结构,在个体生命这里,过上好日子的浅层刺激已经不能唤醒冲动的时候,就变成了今天流行的"宅文化"和"佛系",这在经济上表现为消费力的萎缩。金融的生命线时间,在个体这里成了网络闲逛的碎片时间,因果性周转不灵了。另一个重要的变化就是,充盈在网络空间而不是物理空间里的数码物,更频繁地作用于人的知觉而不是理解力,线上的时间感和空间感所交织的关系结构叠置在线下的政治—社会—制度结构之上,冲突的样态已经无法被装进旧概念之中,因此重新理解何谓政治,便意味着政治主体该如何定位和定向。

经典自由主义所限定的利益体系,不是以人与人的联合为表征,如今互联网技术的本性显现为诸 IP 点的联系,大数据的关联分析和人的判断之间,还反映为几何—拓扑的面与点的对立。在阿伦特的时代尽管还没有互联网,但她指出计算机的运算能力不是人类的最高能力,从单个机器的运算到今天的网络链接,其再现没有超出逻辑和控制的算法界限。这时不是脑力的积累,而是注意力的积累,在需求和满足之间,横亘着基于人自身的即刻快感,因此哲学家哈特和奈格里才说,由物质性生产转向了非物质性生产,"情绪"成了互联网的共通产品,而当下的知觉对象和一个虚拟的行为相联系。情绪是欲望的前哨,这个前哨没有任何生产力,像风一样无形无状,私人幸福在此被体会为瞬间满足,比如小视频,即"小小的确幸"。与古典的幸福论相比,今天的私人幸福的焦虑发作,神经萎缩,作为歇斯底里症状,网络联结的个体,成了凝缩状的疯狂的点。在这个"点"的位置上,网络在线的实时变化已经无法被既有的意义系统所捕获,"点"在几何数理思维中没有大小,不可测度。但另一方面,若如阿伦特所说的那样:与他人为伴是行动的前提,那么在新技术环境下,诸 IP 用户经由网络联结(association),成了一种动态组合模式,或者是新技术所达成的这种联结,使得与他人为伴的这个"谁"变得丰富起来,身份认同从逻辑的同一性跃出而表现为样态的杂多。尤其是这种联结更多地诉诸直接的感觉状态而不是理性形式的时候,往往不受线下现实中的规定性关系的约束,这就是我们所经验的网络噪音。因此当"情绪网"在虚拟系统中产生数量级效应,为了自身的政治显现——现身的多样性,就为行动生成的可能性提供了丰富的资源。

## 二　现代"局外人"

现代"技艺人"根据"理型"一样的生产模式所从事的活动,基于具体的目标和效能,用黑格尔的话说是,在为自然物塑形,这依然是奴隶的自由;马克思跟进的是"异化说",对此,阿伦特所担忧的是"公共领域"的荒废的结果是,政治行动的状态变化没有确定性,而偏爱确定性的现代人为自身塑形的活动被遗忘了。现代性的同质化也好,"单向度"也好,似乎是不可阻挡的巨大倾向,但这并不意味着我们的思考活动只能在非此即彼的保守—激进位置上迁移。阿伦特把维科的"历史进程"术语置换成"思考过程",过程性强调丰富性和鲜活性,而认知逻辑的同一性在此必须让位于下判断。针对"正在发生的事情",非对象性的"事情"如"世界性"氛围构成思考的背景。从时间性的绵延来看,从来没有一劳永逸的结论,在阿伦特这里被锚定在"犹太身份"和"欧洲身份"的认同/反认同的悖论之中,并将悖论置于两种身份位置之上,即欧洲性和犹太性——和一般学者所探讨的基督教和犹太教有所不同——在不同的特殊语境之中,这两者又形成抗辩。

阿伦特围绕政治活动、政治现象和政治经验的主轴,探寻思维活动的政治性。这些思想战场被她划定为反历史主义或反潮流的,使得历史蒙太奇成为可能。在她全部的写作中,我们发现镜头反复切换:基督教的"自由意志"被剪切到古希腊背景中,凸显其"我能"和"我愿"的分裂;"犹太救赎"的神秘主义又被植入欧洲现代政治框架中,强调世俗化的政治"公共领域";而"制作产品的公共领域",其非常现代的"社会性"又受到古希腊"城邦"的质疑,这场思想冒险充满戏剧性。"戏剧性"正是阿伦特强调的政治性,思考活动越复杂,下判断而不是运用现成判断的能力才有可能。

## 1 "言说"衰败的危险

哲学家苏格拉底被阿伦特奉为思考的典范,和其同时代的政治哲学家列奥·施特劳斯不同的是,后者通过经典细读,殚精竭虑地试图彰显柏拉图和亚里士多德的政治—统治智慧,而非现代意义上的政治知识，但这位"守护正典"的哲人在生命尽头颤动着的是"犹太神经"。[1] 阿伦特则追随老师海德格尔，注重前柏拉图的希腊经验，她细心区分了柏拉图早期对话和晚期对话的区别。在早期对话中，苏格拉底作为"思想的产婆"（见《泰阿泰德篇》）与"哲人王"（见《理想国》）的不同在于：

> 苏格拉底希望通过每个人接生他们自己的真理，从而让城邦更加真诚（truthfull）。接生的方法即 *dialegesthai*（辩证法）——彻底地谈论事物。但这种辩证法不是通过摧毁 *doxa*（意见）而达至真理，而是相反，它通过揭示意见自身中的真理性而达至真理。从而，哲学家的角色不是统治城邦，而是做城邦的"牛虻"；……因为正是意见建构了每个人参与其中的政治生活。对苏格拉底来说，助产术就是一种政治活动。[2]

---

[1] 施特劳斯在生命最后一刻，最密切的通信者是犹太历史学家肖勒姆，后者也是阿伦特的朋友，两人因"艾希曼报道"事件关系破裂。如果比较一下施特劳斯、沃格林和阿伦特这三位同时代且彼此相识的思想家在生命最后的思索点，就会发现一个很有意思的现象，前两位都停靠在救赎或神性之上，而阿伦特一如既往地"爱这个世界"，似乎找到了往往被人们所忽略的政治性原则，即共通的判断力。关于施特劳斯和肖勒姆通信的精彩解读，见林国华：《灵知沉沦的编年史》，商务印书馆，2019年，190—193页。

[2] 阿伦特：《苏格拉底》，此文曾以"政治与哲学"为名公开发表过，引自《政治的应许》，32页。此处的"truthfull"，根据希腊文 *parrhesia* 原意，其实还有"讲真话"的意思，即彻底探究事物、求索真理的活动，哲学家福柯根据这个希腊词的词源和变化，指出"说真话"也是雅典民主政体中，公民伦理的一种技艺和个人风范，和阿伦特提出的"言说"的意思一样，尽管她使用的是前柏拉图的 *logos* 一词。见福柯：《福柯说真话》，郑义恺译，群学出版有限公司，2005年，60—61页。

熟悉柏拉图对话的人们都知道，它其实是一种辩诘法，在于过程性，而没有确定的结论，这种言说活动是持续性的、当下性的，是一种"说真话"的公民风范和技艺。另外，对于"言说活动"，阿伦特常使用"意见"（doxa，接近英文 opinions）的希腊含义为佐证：当下的表达，人们表达着自己所相信的。辩证法在亚里士多德那里已经失去了言说活动的含义，成为达至真理的思维工具。当我们把逻各斯当成思维工具运用的时候，和"彻底地谈论事物"不同的是，前者即思维是以概念为界限，达成人之逻辑的统一性，而后者更倾向于探究事物的可能性，这种探究是过程性的，那么也就要承担无限性的风险。因此从现代眼光来看，探究事物本身就具有政治风险了，但会淬炼出道德勇气和伦理责任；另外，这种城邦式的彻底言说经验，在今天被意识形态化的立场所劫持，更多的时候被误解为"相对主义"或"虚无主义"。对"彻底地谈论事物"的另一种担忧，正如列奥·施特劳斯所说的那样，理性让人们逾越"理想"，无休止的争论使得政治联盟变得脆弱。[1] 显然，阿伦特与这位同时代的、有着同样学历渊源的哲人不同，在她看来，恰恰是追根究底的言说过程支撑着公共生活，反之，政治生活的脆弱恰恰是"言说"衰败的结果。当然现代政治学诞生于理念预设和精密演绎之中，有理由将这种言说的希腊经验当成老旧的废弃之物。现代政治学敬畏和服从理念，比如正义，并建构出一套应然秩序的理论，更多的时候这套理论仅仅存活在柏拉图留给我们的

---

[1] 列奥·施特劳斯：《自然权利与历史》，生活·读书·新知三联书店，2011年，7页。

"学术园"之中。

"助产术"活在广场和人们当中,而我们所熟悉的理论方法来自晚近的自然科学,但政治在阿伦特看来是人类呼吸的空气。另外,"助产术"不仅是苏格拉底的方法,更重要的是,它是一种活动,即理论生活不是独自的沉思,而是如苏格拉底那样,在众人之中躬身践行,搭建起充满思辨性和竞争性的言说空间。信念和知识、理智和启示不是选项的问题,而要在两者之间来回穿梭,让哲学为政治生活提供技艺,并"从政治这边看哲学",而不是如"理想国"那样,从哲学这边要求政治。

正如《泰阿泰德篇》中,[1]苏格拉底并没有回答知识的性质是什么,他说自己是来帮助人们接生真理的,并围绕着知识,处理它和感性经验、信念以及判断的关系。只有处理好了这些关系,才可说"持有了而不是拥有知识",或"鞋穿在了脚上"。因此,不管什么概念都没有能力单独地证明自身,而是让各种概念之间的紧张关系保持某种在场的强度。不是用理性去规定政治应该怎样,而是让如此这般存在着的政治充满异议。更进一步地,阿伦特改变了作为统治知识的"政治"概念,将苏格拉底以身作则的"知识活动"置换成了"政治活动",那么把在众人之中言说着和倾听着的"哲学教师"打扮成孤绝的

---

[1] 柏拉图:《泰阿泰德篇》,在这篇对话中,苏格拉底提及对知识的两次捕获:知识像小鸟,放进鸟笼是第一次捕捉,而人空空如也的脑子如鸟笼,鸟住进笼子里,即拥有知识;第二次是需要下判断的时候,再去捕捉笼子里的鸟,鸟扑腾得很厉害,即持有知识。自《柏拉图全集》第二卷。

"哲人王"——正如柏拉图在叙拉古佐政的失败遭遇[1]——就没有任何可能性,因为哲学诞生于城邦生活之中,也就诞生于政治生活之中。

苏格拉底"让城邦更加真诚",这"真诚"如何成为可能？因为在现代的意义上,"城邦"往往会被"国家"取代。如果国家如黑格尔认为的那样是客观精神的话,他在《宗教哲学讲演录》中所明确的是"确知"和"确信"的鸿沟,而他的哲学抱负当然是要解决"信仰和知识"这个问题,并坚持认为可以通过辩证法的运动,让信—知—思得到统一。[2] 在《泰阿泰德篇》中,显然苏格拉底比起黑格尔更为轻松地面对这个问题：作为异教徒他没有什么包袱。在城邦的意义上,比起信念的丧失,苏格拉底更为警惕的是诡辩术或法庭辩护,"让别人相信他们自己所相信的"。这也很容易让我们联想到阿伦特为《极权主义的起源》所补写的章节"意识形态和恐怖"所传达的：现代性的虚无主义让"意识形态"的恐怖攻势有了可乘之机。

---

[1] 柏拉图：《第七封信》,在这封信里,哲学家坦陈自己参与政治的惨痛经历。其中也有真知灼见,在论及政治哲学这个"神秘主题"的时候,他说"如迸发的火花在灵魂中生成"。自《柏拉图全集》,第四卷。

[2] *Hegel, Faith and Knowledge: An English Translation of 'Glauben und Wissen'*, translated and edited by W. Cerf and H. S. Harris (Albany, NY: SUNY Press, 1977), p.56. 在《知识和信仰》这篇文章中,黑格尔尤其对康德那不可直观也不可理解的理性提出质疑,认为他和费希特一样,把绝对性和占卜之类的混淆了。关于信—知—思,参见黑格尔："感觉的形式",自《宗教哲学讲演录Ⅰ》,燕宏远、张国良译,人民出版社,2015年。

## 2 家园感的政治性

"确信"似乎没有固定的对象,或者说就是"说真话"本身,它更像这样的"思想练习—活动"风格——苏格拉底比喻为身体锻炼——同时蕴含着力量。阿伦特似乎运用了一种重叠与交错的方法,跨越一般学者所理解的"理智和启示"的分裂,她更愿意在现代"民族国家"的欧洲政治背景之中,来理解犹太人切身的荒谬经验,用政治眼光去和社会文化交锋。逻辑上的普遍性和特殊性——马克思认为犹太问题是特殊性问题,只有解放全人类才能解决犹太问题——被她描述为一种存在主义式的悖论:哪怕改宗也不能抹除身为犹太人的事实。而另一种警惕则是尼采式的拒绝同质化,珍惜差异。也许"让城邦更加真诚"之中的"城邦",还可以置换为"民族":"犹太民族历史上最不幸的事实之一是,它的敌人——而且几乎从来没有一个朋友——才理解犹太人的问题是一个政治问题。"[1] 正如她对"德雷福斯事件"的细心观察:围绕审判的是各种政治力量的争斗,这包括共和宪政派、教会、军队和第二国际,而只有德雷福斯家族希望摆脱麻烦,尽量息事宁人。

"民族国家"的表述本身就充满歧义,即普适性和特殊性的矛盾,二者不仅仅是逻辑层面的冲突,在阿伦特这里还被刻画为一种刀锋

---

[1] 阿伦特:《反犹主义》,自《极权主义的起源》,100 页。

般的危险经验。在18、19世纪,"犹太性"在文化繁荣时期,被指认为犹太精英知识分子的"新奇"和"独特",犹太精英知识分子和犹太富豪一样,成为某种"特权阶层";而对于普通犹太人,作为生活方式的"犹太性"则变成了自己和邻居们的梦魇。这样一来,犹太身份一起成了被无意或有意忘记的事实,而这个事实后来以一种残酷的方式被提示出来。

政治身份和文化身份都没有给犹太人的命运以保障:公民权可以被剥夺,再者,一位纳粹军官也可以是犹太文化的爱好者,比如艾希曼。经历切身之痛的阿伦特,只能把希望转向受害者,转向自己的民族,认为"局外人"(pariah)是其隐秘的传统。[1] 她通过对海涅、拉扎尔、卓别林和卡夫卡的分析表明,"局外人"的概念在他们的作品中得到了发展:生活经验的"同化"或宗教层面的"归化"反而更需要严格的检审,并且坚持与世界对话的批判性眼光构成了人类文明的一部分。而另一种更普遍的局外人传统,即广为人知的犹太教观念——拣选的高贵——悬浮于世界之外,她称之为"曲高和寡"和"高深莫测"。无论何种认同,都会带来自身的封闭性,都需要在"世界

---

[1] "pariah"这个词还有边缘人和贱民的意思。这里说的"传统",在《反犹主义》中更加明显地指向现代犹太人的生活方式和意识状态,并将其作为政治现象予以分析,尤其受欢迎的犹太人,迷失在自己的生活假象中,这包括作为欧洲各国联系卯榫的犹太金融家,以及因奇异性而著称的文化人。阿伦特出生于一个同化了的德国犹太家庭,对犹太教的奥义关注甚少,主要是从现实的风云变幻中去显现犹太人的生活状态,直接而真切地为民族灾难提出自己的分析洞见。见阿伦特:《犹太局外人,一个隐秘的传统》。Hannah Arendt, *The Jewish Writings*, ed. Jerome Kohn and Ron H. Feldman, Random House, Inc. New York, 2007, pp. 275 - 297.

性"之中,像苏格拉底淘洗意见一样来取代"永恒性"。海涅诗歌里的"梦的主人",卓别林那倒霉兮兮(schlemiel,意第绪语 *shlemiel*)的"小人物",卡夫卡那腹背受敌的"K"的处境,其中的"犹太风味"(Jewish dish)能够在人性的共通感中产生影响。但问题的关键是当"人性失去意义",人们再也不会在电影中释放笑声的时候——卓别林过气了——用阿伦特的话说,做犹太人就变成了一个政治问题。尤其在"德雷福斯事件"中,她发现只有犹太记者拉扎尔,将该事件看作"犹太政治"的事实:不论贫穷还是富有,不论名声显赫还是寂寂无闻,在这一事态中都成了"受压迫者"。这一事实本身应该成为欧洲解放的一部分,而不是"民族国家"或"阶级斗争"的注脚,因为压迫者和被压迫者同样地不自由。

在阿伦特这里,与他人为伴一起行动的政治自由是最根本的,一旦受到破坏,所有的文化创造都会付之东流。政治自由来自政治感(sense of politics),以免被文化名声的迷雾所麻痹。政治意识和无畏的抵抗才是"名声的盔甲",然而,作为欧洲社会的文化代言人,如以茨威格为代表的两次世界大战期间的犹太名人们,则沉迷于"名声的象牙塔"。面对纳粹"无法无天的政治","盔甲"建造的任务应该由全体欧洲人来共同承担。[1] 只有在反压迫的欧洲联盟框架中,犹太抵抗运动才得以显现。因此"局外人"的沉痛教训在两个维度上显现出

---

1 阿伦特:《斯蒂芬·茨威格,昨日世界里的犹太人》,见 *The Jewish Writings*, pp. 317-328。

来：一个是和世界隔绝的犹太神秘主义，以及"救赎的革命乌托邦"；另一个则是罔顾身为犹太人的事实，而做欧洲人的"普世性"文化框架在政治现实面前彻底破产。

那么，到底是犹太性的还是人性的？这两者背后的基本支撑物都应该是政治性的。于是，人们很难断定：阿伦特究竟认同什么？或者是立场决定了这个"谁"？或者说这个"谁"是可定义的还是可显现的？在阿伦特这里，一个人基于政治自由既是犹太复国运动的支持者，同时因为警惕民族主义也是"犹太国家"的反对者；既是犹太人的女儿，也是犹太人最冷酷的批判者，貌似统一的立场恰恰会削弱对事物的彻底思考。在"艾希曼审判"报道事件所带来的风浪中，阿伦特那有名的"自画像"则是：

> 我从未爱过任何人群或集体——既不爱德国人，也不爱法国人，或美国人，也不爱工人阶级或者类似的事物，我"仅仅"爱我的朋友，这是我所知道的并且深信的人们之间的爱。再者，因为我自己是犹太人，"爱犹太人"对我来说就更值得怀疑了。我不会爱我自己，也不会爱我们自己人的任何一部分或团伙。[1]

---

[1] 这段话出自1963年阿伦特写给犹太历史学家肖勒姆（Gershom Scholem）的信，从此两人友谊破裂。肖勒姆著有《犹太神秘主义主流》一书，阿伦特在1948年为这本书写过书评，并指出"神秘主义给犹太人带来的灾难，比其他迫害都更大"。见 The Jewish Writings, pp. 311, 466, 467。

这听起来像一个现代个人主义者对"民族主义"或"爱国主义"的刻意反讽,"爱朋友"仅仅是私人性的,她反而把亚里士多德的"友爱政治"转运到"爱世界"的议题中,在平等之人中间才有爱,朋友之间不需要正义。"不爱我自己"是人们熟悉的犹太传统中的"自我憎恨"吗?显然不是。《犹太写作》那长达600多页的文本中,全面地展示了她对这个问题的思考,后者贯穿在她所有的著作中。《犹太写作》同时还是一个犹太女性作为犹太人参与"言说"和"行动"的明证。在犹太人受到攻击的时候,"作为犹太人去抵抗"是阿伦特一贯的立场。犹太身份不是以生理上的人种属性来确认的,而是以抵抗行动来确认的:谁在行动,谁就是犹太人。她的逻辑是不能仅仅作为犹太人去爱犹太人,这会造成政治—世界的封闭性,政治行动保卫属人的"世界"。"爱犹太人"仅仅是"爱世界"的结果,并意愿这个世界存在,而不是相反。[1] 尤其现代意义上的美国人、法国人和德国人,说的是拥有相应公民身份的人,进而民族—国家这一现代发明,是基于理性的一套法理系统。在经历和目睹了国家或民族范畴溃败的事实之后,"爱世界"恰恰就是针对爱国主义和民族主义的批判性探索。"世界"

---

[1] 1961年艾希曼风波之后,阿伦特改变主意决定出版自己的博士论文《论奥古斯丁的爱的观念》,出版时更名为《爱与圣奥古斯丁》,受大学时代存在主义神学思想的影响,"爱这个世界"是她提炼解析出的奥古斯丁思想中隐含的希腊和罗马传统,尽管受到学院派的抨击,但她的用意在于回应"艾希曼风波"背后的宗教冲突在政治现象中的反应。阿伦特强调就神学话语中的"逃离"和"返回"而言,"爱世界"和"爱邻人"中的"世界"和"邻人"是一个优先的历史性实存,这是"逃离"的初始条件,从而在神的面前成为平等的诸个体,再返回"世界"(俗世)。Hannah Arendt, *Love And Saint Augustine*, ed. J. V. Scott and J. C. Stark, the University of Chicago Press, 1996.

是不断创造和不断涌现出来的,人们在其中相互联系但又不至于相互倾轧和麇集,由此属人的政治空间才能得到呵护。"犹太复国行动"仅仅是这种创造性行为的暂时表现——前提是犹太社群对政治的冷漠——或者说是"犹太政治"的表现。而"犹太政治"的观念避免让"犹太复国运动"掉进狭隘的民族主义,因为后者恰恰是犹太人遭受厄运的思想根源。在纳粹反犹运动高涨的1940年,阿伦特甚至认为犹太问题只有在"欧洲政治"的格局中才能得到解决:

> 欧洲国家有一个代表其共通利益的议会,我并不认为这是乌托邦,并且期盼这种可能性……在这种共通利益中,我们才能作为一个国家得到辨识,并为欧洲议会所代表。犹太问题的"解决之道",其吊诡之处在于一个无土地的民族要寻求一个无人的土地——从经验层面讲,比如月球,或者与政治无涉的民间传说——这一切毫无意义。一个"有组织的联合体",这样的框架值得呼吁。可以肯定的是,犹太人的生存也将会有所依傍。[1]

---

[1] *The Jewish Writings*, pp. 130, 131。"框架"的想法自始至终贯穿在阿伦特的政治思想中,她甚至设想过犹太人和阿拉伯人可以在以色列实现联邦制,更确切地说,"有人的土地"就是指有政治活动的空间,有个世一界。阿伦特在《论革命》中指出美国联邦制是这种框架的最好的表达,即能够处理好特殊性和差异问题,并让政治生活保持活力。因此,阿伦特并不像有些学者认为的那样"在民族主义问题上是矛盾的",她并不支持犹太人建立自己的国家是民族问题的解决方式。关于阿伦特与民族主义,见《剑桥阿伦特指南》,达纳·维拉编,陈伟、张笑宇译,译林出版社,2018年,56页。

"框架"的含义还不是某种具体的建制(constitution),而是所有欧洲人聚在一起时的政治行动空间,而这里的"欧洲人"指向没有国族区隔的平等之人。在平等之人当中,政治行动才有可能,更进一步,只有通过政治行动才能呵护在人们之间所形成的空间,或者说发明和建造权利的共通场所。这个场所不是一个地理概念,或一个新的国家,有家园和有家园感相比,后者才是政治性,正如黑格尔所说的"在家的自由"(freedom at home)。

### 3 拥有权利的权利

在《帝国主义》"人权困境"的章节里,阿伦特把自由表述为"拥有权利的权利"(the right to have rights),具体地说是拥有建造给人带来"家园感"的生活组织的权利。在此予以抗辩的是"人权"概念的定义——经典的人权概念包括生存权、自由权和财产权——去除了法理层面的含义。阿伦特敏锐地指出:纳粹剥夺的不是犹太人的生存权,剥夺国籍意味着剥夺犹太人作为人的政治权利,作为人在世界中的立足之地。因为改宗或改姓在特殊情况下,依赖他人(别国)的仁慈是可以生存下去的。那么作为人的权利除了根本的政治权利之外还能是什么呢?如果做犹太人的人的权利被剥夺了——这跟有权利活下去不同——"拥有权利的权利"如果是关于人的定义的话,那么犹太民族有权利通过有组织的政治行动,捍卫自己在人类成员之中的一席之地。这个行动在她的个人经验中表现为:积极参加纳粹独裁下的"犹太运动",在流亡期间拒绝隐瞒和更改犹太姓名,战后参与犹太文化遗产保护工作。

"拥有权利的权利"作为亚里士多德"人是政治动物"命题的回响,无论赤裸的自然人概念来自基督教还是自然法则,逻辑预设在经验之中使得"这个世界在抽象的赤裸裸的人类身上发现没有一点事情可谓神圣"。[1] 当有教养的、文明的以及名声显赫的犹太人发现,没有任何国家愿意承认他们国籍身份的时候,自己仿佛处在了危险的"野蛮人"状态。那么神圣性如果成为可疑的,政治自由的根据从何而来?阿伦特有时借用康德在自由悖论中的说法,即人的"自发性",有时补充为生命降生的自由,即没有包含不出生的自由,和古希腊的开启(arche)相应和,因此不同于基督教"自由意志"中的两可性,以及由此而来的积极自由和消极自由,同时也避免了现代人"我愿"但"我不能"的难题。

除了面对实际的剥夺所采取的直接战斗,在阿伦特后来的作品中,我们发现其实与"拥有权利的权利"相对的是放弃建造家园感的"积极行动",放弃"彻底谈论事物"的言说活动,这样的自行剥夺,是现代"经济动物"——不仅仅是犹太人,还包括欧洲人——最为典型的现代经验,其无疑成了最为普遍的政治生活的"局外人"。

使用"剥夺"这样的字眼(deprive),来对应现代世界所强调的私人性(private),这就是《人的境况》中作为现代技艺人的政治处境。

---

[1] 阿伦特:《帝国主义》,自《极权主义的起源》,392页。

"现代技艺人"作为全权主义结晶体的结构元素,伴随着帝国主义的经济扩张,也是我们所熟知的布尔乔亚。但这不是一个社会学的用语,也不是马克思政治经济学意义上的"反面人物"——相对于无产阶级,这是关于本体性有/无的哲学运用——作为总体性政治解放的论证元素。"剥夺"或丧失是动词,同时也是一种现象描画。就是说,针对这样的境况需要注意:谁被什么剥夺了。如果所剥夺的是构成这个"谁"的规定性事物,阿伦特的提问就非常令人懊恼了:这个规定性的事物是依据什么被授予的,如果是被授予的,那么被取走并没有什么逻辑上的疑难。

如果回到现代政治话语层面,理论上这个问题很好回答:天赋人权。这对持有保守主义立场的政治哲学家沃格林来说,是"灵知主义"的狂妄,他称之为智识生活的第三王国——相对于属灵的和属世的——现代文明的启示和人的启示就是"自我救赎的神秘事业"。[1]但和沃格林卷帙浩繁的思想史写作鲜明地维护"伟大的思想传统",或者说对整体性现代思想发动进攻的战斗姿态不同的是,从阿伦特自己的"犹太身份"以及难民收容所经历来看,她自己的同胞正被纳粹从地球上抹除,"家园"的丧失直接表现为"无国籍",进而反证出有国籍意味着拥有"家园感"——国与族分别表征大地和血脉——因为

---

[1] 从这里出发,沃格林掀开了与现代性全面的思想战斗的序幕,试图对危机重重的世界,为精神传统和世俗力量的平衡性重新"定秩"。几乎在同样的时间点,即20世纪50年代初,阿伦特曾告诉过沃格林,伟大的精神传统自身无法区分历史事件和智识事件,于是阿伦特开始写作《人的境况》。见沃格林:《新政治科学》,段保良译,商务印书馆,2018年,135页。阿伦特和沃格林之间的交流,见《爱这个世界:阿伦特传》,309页。

一切可对象化的事物都存在可剥夺的、可摧毁的风险。

政治灾难反而如凹透镜，映现出具有现代特征的生产活动和思维活动，这些光谱相互折射，而不是主—客体关系中的政治知识。作用于思维活动的自成一体的观念论，比如"反犹主义"和"帝国主义"，令人惊奇地在阿伦特这里获得了一种可以直观的小说人物式的面貌。两种主义作为概念被还原成两个主人公：犹太人和布尔乔亚（或资产阶级）。但事实上，这两个主人公可以是同一个人。当"民族主义"的现代之镜举起来的时候，还必须从国家—政治这面镜子的正面和背面，在检视认同和排斥的双重运作中，去理解犹太人的处境。灾难不仅仅是犹太民族的灾难，还是政治生活消亡后的普遍灾难。与此同时，阿伦特以严格的自我检审的眼光发现，世俗化的政治"局外人"也好，犹太神秘主义的救赎也好，都给本民族自身带来了巨大创痛。

毕竟灾难的发生不是以主权单位来度量的——历史书写重新召回过去的时候可以这样度量——也不是以党派政治的复杂运动来辨识的，否则政治灾难之中也没有所谓的"局外人"了，而是发生在所有人身上的事情。为什么会这样，该如何，是《人的境况》和《论革命》试着去回答的。阿伦特很少涉及制度研究，偶尔提及并嘉许的就是美国联邦制，这可能与其当年设想的"欧洲框架"类似，主要的功能还不是宪制意义上的，而是说这样的制度或框架为"少数族群"的政治活动预留了空间，尤其强调的是制宪行动—空间的可能性。这些都非常鲜明地体现在美国立国者（founder）身上，那些建造者（framer）及其奠基行动,那些自由行动者所创立的"革命珍宝",他们开拓出的作为人的言说和行动空间,因此宪制(constitution)首先是一个行动——制宪行动——其次才是政府行为的基础和原则。这里的"珍宝"还具体指向任何革命行动中自发成立的"委员会",阿伦特称之为城邦式的"自由空间"。[1] 如果不是从现代政治的议会、革命领袖、政党和政府的角度理解政治,自发的委员会"作为人民的人民组织"最大限度地释放了人们的政治热情和行动能力,随后才是领袖以及党派的介入。从此,"行动"被"执行"取代并产生无穷无尽的权斗。革命的恐怖和政治的可恶还表现在,现代大众的意见总是飘忽不定的,一定程度上还被可计算的利益左右——尽管利益核算标准可以发生变化并且最容易被政客操纵——但这并不意味着大众仅仅是头脑昏聩、非理性的非政治动物,把他们放进吃吃喝喝的必然性中就万事大吉了。

言说和行动是政治生活的本质,更是生活世界里如呼吸般存在的生命现象,那么思想和经验可以构成一种富有活力的对话。对话发生在理论和实践的断裂处,这种对话不仅贯穿于阿伦特的作品之间,同样贯穿于裹拥着每部作品的"世界性"之中。就是说思想如河流奔涌,在动态机制中伴随着时间性的绵延。那个谁如何显现,世界就如何显现。她所有著作的内在主轴都是围绕现代人的政治处境而

---

[1] 在论及"革命珍宝"这一章节时,阿伦特回应了以下几个常常被误解的议题:(1) 知识精英与政治,(2) 党派与政治,(3) 领袖与政治,(4) 纲领与行动,从中剥离出革命历史中的"委员会"现象,贯穿"行动"与"言说"的政治理解。她试图检审伴随着生命进程的人的革命现象,除了著名的美国革命、法国革命,还包括20世纪的波兰团结工会运动、匈牙利革命、俄国革命等等。阿伦特:《论革命》,248页。

展开的,即使后期的《精神生活》三部曲,处理的依然是哲学和政治的关系问题。思想自由的副产品必然是政治自由,否则永恒宁静的"思"就会失去家园,成为现实意义上的"局外人"。

故意或无意、主动或被动成了世界的局外人,从根本而言都是不可能的,无论这个"局外"的位置所带来的结果是安全还是危险。在世界之中浮现出的面庞,比如"现代技艺人"或"局外人",不是静态的肖像画,而是一帧帧政治拓扑图的相互映现甚至是叠加。有时是知识精英和名流;有时是财产暴发户;有时是安于现状的布尔乔亚;有时是毒气室的受害者;有时是犹太人或拒绝做犹太人的犹太人;有时又是帝国扩张中的民族主义者和爱国主义者。不管什么身份,逻辑上的同一性都无从安置处境之中的个体,所有人都是"世界戏剧"的参与者。荣耀或罪恶,不管发生了什么,这些共同的参与者包括"演员"和"观众",仿佛戏剧的一体两面,阿伦特将之比附为行动和判断的不可剥离性。

## 4 每次胜利或失败都是解决之道

在某种程度上,几乎很难将阿伦特的思想放在现代政治知识的框架中来掂量。民族—国家、代议制、党派政治以及独裁制所煽动的各种群众运动,这些现代政治体系的结构性元素,在一定的时期,都为"全权主义"结晶体的储存提供了预备性条件。甚至党派内部总存在非此即彼的分裂,"在欧洲,没有一个政党未产生与纳粹合作的人",[1]因为具体的利益判断会蒙蔽政治判断,而议会往往分裂成非此即彼的两派。在这样的前提下去理解阿伦特关于政治生活的思考,就会发现如果现代政治的结构及其元素并非政治生活的唯一的表述,那么她从希腊传统中发现的"言说"和"行动"——不是字面意义上的——是通过一番概念劳作的哲学淬炼而得来的。通过概念的戏剧去讲述生命的故事,阿伦特始终称之为"思想练习",但范例是明确的,这包括希腊城邦、罗马共和国以及共和精神的继承者、美国立国的革命家们。海德格尔的存在论术语"范例"——对存在有所思的存在者——在阿伦特这里转换为行动的范例,其对立面不是理论化的"沉思生活",因为"范例"本身,或者行动者们"开启"的不仅是新的权力空间和新的思想空间,同时"范例"也是一个动词,这个动词类似于亚里士多德戏剧诗学中的对公民行动的"模仿"。

政治活动的"戏剧性"往往被现代政治理性所排斥,或被非此即彼地理解为"非理性"。但根据亚里士多德,"戏剧性"的核心不是塑造人物性格,因为"我们为某种行为方式而活,而不是为某种品质而活"[2]。一连串的行为出于偶然性构成情节,被阿伦特表述为"行动的脆弱性",其补救方式体现为:在后来者的记忆和行动之中再次复现,是行动产生了故事——故事没有作者——世界—剧场因而生成

---

1 阿伦特:《帝国主义》,见《极权主义的起源》,352页。
2 亚里士多德:《诗艺》1450a,自《亚里士多德全集》牛津版第二卷,见注释62。

并安置人的言说和行动。亚里士多德诗学意义上的"行动"对应一个古希腊词"表演"(perform 的希腊词指剧场再现,拉丁文动词形态还有愉悦的意思)。公共面具下的私人面孔,使得"表演"——述行活动让"面具"(persona)和私人性同在,通过面具发声(per ... sonare),"演员独特的未被掩盖的声音得以传达"。这和戴着面具让角色说话不同的是,她强调私人面庞上的嘴所发出的声音质感,"独特性"制衡着面具的伪装属性。"世界戏剧"中的公共—人格—面具之下是私人的面庞,面具和面庞既可重叠也可分离(拉丁语中 perform 动词形态也有分离的意思)。首先是公共面具和私人声音的戏剧性,让"世界戏剧"中的杰出"演员"成为可能,并且"面具"可以摘下:

当我停止使用、滥用通过那个面具发言的个人权利时……我就不仅可以自由地在这一伟大戏剧提供的不同角色和面具之间进行转换,而且甚至可以自由地以我纯粹的"这一个"(thisness)来参与这一戏剧,这一"这一个",我希望它是可确定的,但不是可限定的,也不能被认知(recognition)的巨大倾向所诱惑,无论采取任何方式,(认知)只能把我们如此这般的认识,即,指认我们为我们根本不是的某种东西。[1]

---

[1] 阿伦特:《反抗平庸之恶》,序言,陈联营译,上海人民出版社,2014 年。

和逃避政治生活的"私人面具"不同的是，这个公共面具是随着事件的产生、事态发展或剧情发生改变的，在公共角色的权利面具之下的"这一个"正是身体性的私人嗓音，没有什么永恒的"内在性"和一劳永逸的"良知"（德语的良知 *Gewissen* 也有已知晓的意思）。"这一个"(thisness)从其拉丁词源 haecceity 来看，针对不可描述的"个体性"，非关本质，也不是与普遍相对的特殊性，"这一个"就成了"思想战斗"的胜利者，因为独立思考的风险并不亚于政治—开启的风险。关于"思考练习"，不仅仅是议题化的抗辩，更为关键的是思考作为一种行动，逻辑的一致性和同一性不是阿伦特所在意的，思维活动自身能够确定一个人是谁，在哪里，采取何种立场，而不是经由后者来限定人的思考，思考的经验也是一种战斗的经验：

卡夫卡概括了这个经验，这站在过去与未来的冲突洪流中的"他"所获得的战斗经验。这个经验是一个思想中的经验——正如我们已注意到的，整个寓言是关于一种精神现象的；它像所有做某事的经验一样，只能通过实践，通过操练来赢获。（在这方面，就像在其他方面一样，这种思考活动不同于演绎、归纳和得出结论这一类的思想过程，后者的非矛盾律和内在一致性的逻辑法则可以一劳永逸地学会,之后所需的只是应用。)[1]

理论和实践还原成"言说和行动"的战斗经验,其独立于既定的意识形态概念,也不是概念应用所表达的政治立场。这种经验形态是在康德的《判断力批判》中得到理论表述的感性判断(aesthetic judgement)——情感的快与不快,以及崇高中对恐怖的克服——在这个意义上可以说《耶路撒冷的艾希曼》是阿伦特独自撰写的"安魂曲"。"过去和未来"都可以无限延伸,唯独在这两者之间是人的介入和新生命的诞生,如尼采所说的永恒的现在,既是断裂又是机遇。探究事物根底的思维能力,习惯于摧毁任何成见和学说,并且还是正在进行时的道德练习。思维活动中养成的思维能力,在面对危机和意识形态煽动时,有种"净化的力量",并能辨认出危险和风暴,阿伦特称之为"实现了的思维"即判断力。在政治风暴和感觉迷雾中即刻说出好坏的能力,能阻止危险并促使此时此地的生活世界运转。在此思维活动中,可学习的技艺没有明确的政治立场,无论所谓的保守还

---

[1] 《过去与未来之间》前言。卡夫卡寓言指卡夫卡1920年的一则笔记,标题是"他"。这个寓言也是阿伦特对自己的"战斗经验"的影射,在"过去与未来"之间纵身一跃,她特意引用寓言中的这一段:"他有两个对手,第一个来自他的发源地,从后面推挤着他;第二个挡着道,不让他向前走。他同时与这两者争斗着。其实第一个支持他与第二个的斗争,因为他要把他往前推,而第二个同样支持他与第一个的斗争,因为他把他向后推。但只是理论上如此,因为并非只有两个对手,而还有他自己,但又有谁知道他的意图呢?无论如何他有这么一个梦想:有朝一日,在一个无人看守的瞬间,比如一个空前黑暗的夜间,他得以一跃离开战线,由于他的斗争经验而被提拔为判决他那两个还在搏斗着的对手的法官。"中译可见《卡夫卡随笔集》,叶廷芳编,上海文艺出版社,2016年,91—93页。

是激进,在卡夫卡的寓言中指向两种迎面相撞的危险力量,而嵌入一打断它们的是"现在"(present)。这个总是位于"在……之间"的人成了两种力量的对手,因此,不仅要在心智上去理解什么是过去和什么是未来,而且在现实世界里还要与它们保持战斗。这个人既是行动者也是旁观者,跃出保守和激进的战线,因为要解构的恰恰是立场本身。问题的答案既不在过去也不在未来,更何况也没有稳定的答案,答案面对具体情况可以更新,正如普遍性如果是精神活动的话,施加于意识之上的作为就会更加地随机应变。

一般我们熟悉的立场是作为什么在反对什么,比如作为犹太人抵抗反犹主义,如此天经地义,但事实往往不是这样,很有可能是作为犹太人反对犹太人。犹太性和女性主义理论中的女人性(womanhood)类似——作为女人焚毁女人性的解放目标——到底是消极的还是积极的,正面的还是负面的经验,取决于问题所处的情势。"犹太问题"与其说是逻辑的或历史的,不如说是属于阿伦特自己的"战斗经验",即身为犹太人的私人问题如何成了政治问题。再者,"犹太问题"也不是一个可认知的对象,因为自己就是这个问题本身。身体性的实存犹如城邦,多样性的灵魂是其中的居民,而不是说理智的灵魂——比如哲学家——拥有绝对的统治权。[1] 与其划出私

---

[1] 在《法篇》中(892b—c),柏拉图曾提到"位于开端的东西就是自然的",据《蒂迈欧篇》,灵魂处于开端,就是自然。身体中居住着各种灵魂,也包括感官意义上的快乐与痛苦,但最理智的灵魂是其统帅,如城邦中居住的各种各样的人,最理智的哲学家具有统治权。参看《法篇》689a—b,见于《柏拉图全集》,第三卷。

人的和公共的界限,不如依从每个私人的"斗争经验",在世界或政治现实中每次练习都是政治性,并据此赢取自己的真理和自己的判断。因此,"犹太问题"不仅激发阿伦特的政治思考,同时也是其思考的隐性线索,并紧扣当时"正在发生"的事情。她采取的是两种立场的抗辩模式:在欧洲人和犹太人之间,完全不同于政治哲学所圈定的范围,即雅典和耶路撒冷,后一表述是指两个传统之间的对立。不同传统的对立是在各个具体的人之间,群体和群体之间,他们必须在生—死之间搏斗,找到幸存—救赎之路。具体地说,解救之道不是通过理性或神秘主义,或理性的神秘主义找到的。尤其在《犹太写作》的文本中,我们发现,每一场具体的突围战,每一次小小的胜利或惨重的失败,都描画出了下一个解救之道。而每一个小小的具体的解救之道本身又成为阻碍前进的高墙。立场伴随着时间性,任何此时此刻,这位犹太女作家都在练习下判断的能力,并显示出判断的政治意味,像苏格拉底教给年轻人的那样,面对流俗意见和正在发生的事情,生产出自己的判断。再者,她和康德站在一起,相信"判断力"是一种天赋。

# 第四章　感性判断的政治赋形[1]

## 一　想象力和反思性

系统性地思考人类的精神活动，阿伦特形成了晚年的《精神生活》三部著作，即《思维》《意志》《判断》，尽管最后一本是阿伦特的未

---

[1] Aesthetic judgement，一般译为审美判断，但根据康德的路径，《判断力批判》一方面是在深化启蒙时代以爱德蒙·伯克为代表的思想家所关注的"美与崇高"的感性议题，另一方面紧扣想象力，将其第一批判中的"先验感性论（transcendental aesthetic）"转移到主观性方面，虽然"感性"和"判断"两个概念的组合表述，看起来本身是矛盾的，但康德意在感性的反思性，并区别于逻辑判断。基于此，本文根据语境，时作"感性判断"，康德曾在第三批判的最初导言中写道：For although institutions are sensuous (aesthetic)，显然此处的 aesthetics 指感性或感受能力，尽管浪漫主义之后，"美"的内涵可以包括康德所说的崇高与恐怖，但和康德所看重的先验的"反思性判断力"有所区别了，"美"逃往至作品，单独地置身于现代艺术领域的中心了。在此，根据语境，感性判断和审美判断交错使用。Kant, *Critique of Judgement*, trans. J. C. Meredith, Oxford University Press, 2007, p. 352.

竟之书，但《康德政治哲学讲稿》可以算作《判断》的雏形。"精神活动"的不可见性，确保了这种活动的永恒性。那么阿伦特是否回归"永恒性"这样的哲学领地呢？其实不然。首先，探究思维活动本身，这是一桩令人惊奇的事情，因为思维活动是不可见的，正如逻辑学不能解释逻辑自身，很少有哲学家谈论自己的思考本身，我们能够看到的都是他们思考的产物即著作，尤其是对思维活动的抽象演绎和规定性说明——根据柏拉图的说法，智者在黑暗中，而哲学家则在刺目的理性之光中，在"洞穴之外"——它们都是不可见的。如何为思维找到一个可靠的居留之所呢？意志自由就成了这个处所（*topos*）的起始点，思维着（thinking）这样的状态就是一代代人的建造活动。阿伦特站在"新事物"这边，避免发出"太阳底下无新事"的流俗感叹。思维活动这一绵延不断的日积月累的"战斗经验"，当风暴来临的时候，会在判断力这里结出丰硕的果实。

## 1 思维的时候我们在哪里

古希腊人认为只有"旁观者"才能进行沉思活动，理论（theory）的希腊词源 *theos* 派生出的 *theorein* 就有观看的意思，和演出（*theatron*）同名异形。在古希腊人那里真就是善、就是美，因此旁观还不是我们今天理解的所谓"客观立场"，而是要达到共情、宣泄和彻底理解并予以裁断的"剧场效应"。阿伦特把旁观的沉思生活和行动—演出对举，观众和演员在对"不朽"的追慕中，评判活动就是思考活动了，这也是前柏拉图式的城邦生活，思考着和生活着互文见义。

柏拉图之后，为了免于感官世界的干扰，哲学思维取代了神话思维。沉思还需闭上眼睛，但脑子里装满了思维工具。《工具论》作为亚里士多德的逻辑学说，是不同于肉眼直观的"心灵之眼"，由此发明了科学话语。思维的目的是求真，用现代人的话说，思考的结果必须具有确定性。如果是康德，他会说对象自身尽管是不可知的，但我们知道先验逻辑的可能性条件，自然智力能做到的是在主—客的认知关系中达到一种客观的有效性。宇宙智—力是由人担当的职能(faculty)，就是说一般意义的智能(intelligent)既不是你的也不是我的，而是在宇宙自然的统一性之中。思维为了达到正确的结果，寻找自然规律，服从规律并控制自然。不必去问"我思考的时候在哪里"，而是"我思故我在(being)"的确信。思考着的我是存在物(thing)，即笛卡尔的一般化的主体意识，并通过严格的几何数学方法去求得真理，即科学思维。科学在现象的深处挖掘，并在实验、核验和技术应用中干预自然并施加其影响。

因此，当我们说思维的时候，严格意义上是指思维"方法"，但如果思维是一种活动，那么就有理由去问"思维的时候我们在哪里"，阿伦特要问的其实是哲学自由究竟如何在世界中显现。一直以来哲学工作都在和不可见的事物打交道，用黑格尔的话说是"概念的劳作"。当然这样的问题是针对人们的现代处境，并与海德格尔提出的"哲学达乎显现"一脉相承。如果"思维并不直接赋予我们行动的能力"，那么"思"如何显现，如何是可见的呢？如果这种不可见性是可见性深稳的基座,那么"沉思生活"(vita contemplativa)和"行动生活"(vita activa)或"积极生活"一定有某种关联,阿伦特认为是"旁观"。[1]

当然这样的关联以及显现需经过一些转换,黑格尔在《精神现象学》中质问笛卡尔,那个思考着的我都没有得到规定,思怎么成为可能?思是怎么启动的,这是形而上学问题,笛卡尔会说是神,黑格尔会说是意识——精神在自然中神奇的"迸发"。而阿伦特思考的启动,是来自一个希腊词 arche,启动的是行动生活,而她认为思维的开启如"自由意志"的自发性,"有思维能力的生物有说话的冲动,会说话的生物有思维的冲动",[2]这是海德格尔"思与诗"的回响。

阿伦特避开传统形而上学的陷阱,把问题修改为"是什么东西使我们思维",亚里士多德和笛卡尔都认为是惊诧。思维过程在个体这里是"无为"(inact)的,思维着的人一动不动,如康德所言:动机活动的时候人无法观察自己,观察自己的时候动机又平息了。[3] 黑格尔针对这种实践道德理性的回答却是,行动以自身为目的,行动是神圣者的中介,比如革命就是一种富有个性的劳作,这和希腊人的"不朽"

---

[1] 阿伦特:《精神生活·思维》,姜志辉译,江苏教育出版社,2006 年。该书专门有一节名为"思维和行动:旁观者",书的题词是海德格尔关于思的四个主要论点:(1) 思维并不像科学那样产生知识,(2) 思维并不产生实用的智慧,(3) 思维并不解决宇宙的难题,(4) 思维并不直接赋予我们行动的能力。又据海德格尔考证 theory 的希腊词源,词根 theo 有"观审"的意思,后演化为拉丁词"沉思生活",也有旁观生活的意思。关于题词可参见《什么叫思想》,关于沉思和旁观,可参见《科学与沉思》,两篇文章都出自海德格尔:《演讲与论文集》,孙周兴译,生活·读书·新知三联书店,2005 年。

[2] 阿伦特:《精神生活·思维》,108 页。

[3] 康德:《实用人类学》,李秋零译注,中国人民大学出版社,2013 年,2 页。

有某种异曲同工之妙。[1] 但有一点是肯定的,现代之后,理论和实践彼此漠不相关。阿伦特跳出这种尴尬的疑难,将思维在时间之流中的停顿状态植入现实与未来之间,不是说"无为"宁静的沉思是永恒的,而是要为思维找到立足之地,直面人类切身的事物。

正如历史的概念最早在维科那里被定义为人对自己所制造的事物的理解,既不是神,也不是英雄,而是人的"历史进程",到了18世纪被定义为与记忆相关的反思力。在这个意义上,历史根本地是指政治史——伏尔泰为路易国王们著史——如果发生的一切成为反思的对象,比如伏尔泰并不直接认识国王们,那么用黑格尔的话说,时间维度的引入让历史成为主客观的统一。但阿伦特对"创造历史"的说法持有怀疑,因为行动本身没有具体的产品,以至于行动者很难指认出哪个行动是属于他的。相对于政治行动总在开端处劳作,历史则指向未来。如果历史的核心是政治的,那么政治活动总是和目的相关,当然这个目的是循环论证的结果,在黑格尔那里开端就是目的,目的是完成了的开端。黑格尔的辩证逻辑术语"终结"是封闭体系的思维符号,很容易被人挪用到历史场域变成"伟大目标"。基于这个伟大目标,只要有人能主张某种行动,这个行动在"目标"的照耀下就成了合乎历史规律的事情,而维科的"历史进程"到现代"全权主义运动",成了我们更为熟悉的"历史潮流",人被裹挟其中,并且如自然现象一样不为人的意志而转移。这样一来,政治和历史概念混淆

---

1 *Phenomenology of Spirit*,591、608、609节。

的后果就在于：

> 在这种从历史推衍出政治，或者不如说，从历史意识（historical consciousness）推出政治良知（political conscience）的形式中——这一形式绝不特别地仅限于马克思，或一般地仅限于实用主义——我们可以轻易地发现为了逃避人类行动的挫折及其脆弱性，以制造的形象来建构行动的古老尝试。马克思自己的理论和所有那些让"创造历史"的概念在其中占一席之地的理论不同的地方，仅仅在于唯独他认识到了，如果把历史当成一个制造或创造过程的对象，那么必然有这个对象完成的时刻……[1]

这意味着"历史终结"就等于政治消亡，创立唯物主义历史观的马克思会说是"阶级消亡"。他试图把历史上黑格尔意识哲学的"颠倒"再次"颠倒"过来，进入人类生产劳动的"历史心脏"——黑格尔所说的历史中心是行动这个论断的翻版——并指派建构出理论的践行者即无产阶级，可见马克思清算整个哲学传统的重要成果是一种叫作"阶级斗争"行动的理论。相对于传统政治概念，因其完全是统治者的知识，马克思更愿意用社会或历史概念来建立他的政治理论。既然哲学应该成为无产阶级的批判武器，这就是说演员和观众合为

---

[1] 阿伦特：《历史的概念》，参见《过去与未来之间》，75页。

一体了。

## 2 旁观者的判断活动

参与政治活动的无疑是作为历史本身的演员,而旁观者,无论记录的历史还是反思的历史,大都未曾参与历史本身。正如黑格尔在谈论拿破仑的时候,忘记了是他自己将"世界精神"的伟大掌声献给了一个特殊的对象,其名为拿破仑,而不是说拿破仑就是世界精神的化身。阿伦特坚持认为"演员"和"旁观者"共同构成了历史性。历史记忆从根本上来说是一种心智活动,在柏格森那里和纯粹意识的绵延相关,这种无限性经由想象力的自由作用,再现历史的自由,在这个意义上才可以说政治和历史共享着自由的原则。"旁观"的直接性并非短暂的事物。首先,因为看总是永不知足的;其次,历史性的看,正如卡夫卡说的要同时和两个对手搏斗,即过去和未来,基于自己的"战斗经验"成为两个对手的审判官。这样的"看"不是被动的感官活动,而是"看"的底部有反思能力在运作。正如康德的品味判断力,说这是美的,和感官对象的属性没有关系,我们的感觉有种反思能力,这种说出"美"的能力是普遍的,尼采干脆指出,这其实是人对自己的最高肯定。相对于历史哲学朝向未来的宏阔精神,所有当下的感受力都是喑哑,良心的折磨可以在无限的未来中得到舒缓。而品味判断和政治判断一样,对象持立眼前的紧迫性催逼判断的产生。因为总有人们不曾参与或置身其中的世界,正如神庙和戏剧之于古希腊人,经由旁观和仪式活动,经由身体的直接在场,获得一种哲学态度,因此并非如我们所担忧的,政治判断有浮荡在感觉迷雾中的危险。

康德认为美是道德的象征,而道德实践就是他的行动理论,但依然以个体为核准。当他说感性判断中的想象力自由以道德判断为基础,美的象征为行动的历史或理性能力增添了一种感受力的自由。想象力不仅是道德也是知识的明证,康德把这个称为"无规定的超感官基座"(substrate),[1]正因为想象力具有显像(phenomenon)的自由,实验科学才有可能在具象之中产生认识,从而获得新知的欢欣亦如品味的愉悦。一件事情并不是因为它有意义才值得我们去做,更有可能是因为这件事情本身让我们心生欢喜、感到满足,黑格尔直接说没有偏执就没有行动。但为了避免心理个体的满足偏差,康德这里附加了审美判断的私人性欲求,并得宣示他人的同意。在其中,想象力的自由,如同本雅明所说:概念和形式消融,使得想象力宣示了一个新世界。当先验想象力的生产性不是为了知性法则作为表象的起步机,而是为了其自身进行反思性判断,不同于理论证明,这时候它就获得了一个新的对象,并关涉情感层面的愉悦:康德有时称之为概念的直观和象征物。如同面对自然的时候,判断力在处理自己的感性材料,不是自然在取悦我们,而是我们把愉悦回敬给自然。反思就是针对想象力和表现力的反思,因为这两种力量可以冲破感官的

---

[1] Kant, *Critique of Judgement*, trans. J. C. Meredith, Oxford University Press, 2007, p. 31. 想象力分为生产性和再生产性,前者是先验创造一种感性直观,后者是通过回忆把逝去的直观经验重新召回心中。见《实用人类学》46—47 页。

局限,而断定美的能力是人所共有的。在他看来,图型法就是一种特别的先验的艺术能力,并且还以艺术活动为例证,品味判断让天才作品的存在获得公共性。这时候知性仅仅是辅助者,经由反思性判断活动,天才作品获得了可交流性。[1] 人们都认为康德对历史哲学的思考阙如,但他把历史规定为一种特殊的经验系统。正是因为政治领域中知性概念应用的局限性,审美判断活动在激活一种经验可能性的法则,他的审美判断力恰恰是在为共同体的感性秩序奠定基础。此时,纯净的道德法则在现实中摆脱了说教,获得了一种情感体验,这就是可交流的愉悦以及关涉自由强度的崇高感。品味向偏好致敬,欢喜(agreeable)和至善(Good)就有微妙的转化,"在社会中实现了美的多样性和最高的水准",通过这种社会旨趣或品味意识,审美判断过渡为道德判断,从而为道德行动的可能性宣示一种普遍的感性条件,一种决心。[2]

如果自由行动是创造性的开启,那么判断就在于挽救了政治行动转瞬即逝的脆弱性。人们经由想象力获得行动的图式、范例和心理印记,根据这些可直观的感性材料下判断,其实这也是反思能力运转的场域。而公共事件的历史意义,一个真正的公共的领域就出现

---

[1] Kant, *Critique of Judgement*, trans. J. C. Meredith, Oxford University Press, 2007, p. 31. 想象力分为生产性和再生产性,前者是先验创造一种感性直观,后者是通过回忆把逝去的直观经验重新召回心中。见《实用人类学》,§50。
[2] 同上,§41、§42。

在了"喝彩观众"这边。[1] 这样一来,公共领域出现"喝彩"或喝倒彩的声音,众人的声音明显区别于哲学家的独自思索,即根据普遍法则针对特殊事物所给出的规定性判断。其实不同于逻辑反思的比较性,在康德那里,"先验反思"的宽泛含义还包括扩展认识、批判和追根究底,反思是一种义务,是针对一切判断的极限思维活动——除了两点之间直线最短这样的几何明证,如同一种知识能力的高难度体操,会遭遇无限性的深渊——在第一批判中急促带过的作为天赋的"判断力"问题。第三批判就是在这个极限处的思维范本,想象力在其中扮演着主要角色,而不是在第一批判中那样只辅助知性。进而,黑格尔清楚地意识到历史哲学中自由原则的未来性,知道自己当下说出的一切有待"历史科学"的检验,历史的意义只有在其"终结"(end)后才存在。[2] 这样一来,在现实之中无限延宕的"终结"反而将当下任何一刻抛入虚无的深渊。因为只要采取行动,其结果就是不可预料的,即使从历史过程来看;正如革命的意义总被革命自身吞噬,更何况历史人物的功与过,往往在浩瀚的资料海洋中起伏。如果从政治判断的方向来看,行动的意义就在其本身的话,阿伦特进而补充了旁观者的判断活动,以免"意义"的绝对性扭曲为整体主义的"超意义"。因此政治判断和历史判断的区别在于,不是世界进程中"自由精神"的总体化奔涌,而是针对特殊政治现象,旁观者即刻的感性

---

1　Hannah Arendt, *Lectures on Kant's Political Philosophy*, ed. Ronald Beiner, Chicago: University of Chicago Press, 1992, p. 61. 下文简称《讲稿》。
2　黑格尔:"绪论",《历史哲学》,王造时译,上海书店出版社,2006年。

反思。

将政治混同于历史,让阿伦特对信奉历史演进规律的政治学说持有异议,当然她采取的批判立场是古希腊人的历史观,即行动、故事的逻辑以及对命运—苦难的诗性理解。因此,在她看来,马克思"史无前例地把政治活动变成了更加理论的东西,使它更加变成依存于今天被人们称作意识形态化的东西"。[1] 科学的历史观只是把黑格尔的历史精神演绎改造成历史的必然规律,以实证的方法摘取历史中的经济生活样本,把劳动着的人而不是"积极行动"的人(vita avtiva)摆放在历史的中心。历史当然是指人的活动,尤其启蒙之后,并不是说信仰被瓦解了,而是说"人的启示"这样的人文信仰停靠在了历史学之中,正如黑格尔所说"历史就是精神"。相对于形而上学,可以说阿伦特和马克思都是"颠倒"事业的同路人,但分歧是对历史概念的理解。从物质生产和劳动的历史提炼出"压迫"和"剥削",马克思用"阶级斗争"的普遍性贯通起自己的历史哲学,这依然来自黑格尔所说的历史哲学的"自由精神"。他们思考过去是为了走向未来以及未来的未来,同时也意味着明亮的心智必须忍受此刻良知的折磨,仿佛历史虚无主义犹如历史进程自身的症状一样。

---

[1] 阿伦特:《马克思与西方政治思想传统》,孙传钊译,江苏人民出版社,2012年,101页。

## 3 灰色的现在

在18世纪维科历史哲学诞生的时候,政治哲学已经实现理论创立的最高成就,但康德的历史—政治思想反而表现出一种理论上的迟疑。在康德那里,道德法则的运用使得人处在整个自然终极目的的位置,即理性主体的至上荣光,但令人沮丧的是人的历史"总是不断地和最高的智慧唱反调",[1] 让庄严的理性蒙羞。哲学头脑的工作仅仅在于寻找一些理念线索,将历史统摄在"世界公民"的理念之下,人的行为经验的集合大体上呈现为一个特殊系统。和认识论相比,这里没有经验的统一体,因为法则是无效的。不同于自然科学的法则优先性,晚年的康德打破了理论迟疑,特殊经验该如何统摄于普遍性之下,关乎情感的表象能力如何可能,这正是《判断力批判》要探究的。否则,哪怕人类可以摘星探月,但针对关于人自身的事物,对正在发生的事情,比如政治现象,依然是不知所措的,康德告诉我们,想象力和表现力的自由要求我们坚持判断的权限。

19世纪,政治哲学则被历史哲学取代,这就是福柯所说的"大写的历史":"19世纪已终止了纯粹的事件编年史,终止了对一个仅仅充满个体或偶然事件的过去的简单记忆,并且人们已经在寻找那些

---

[1] 康德:《康德历史哲学论文集》,李明辉译注,联经出版事业股份有限公司,2013年,22页。

生成变化的普遍法则。"[1]福柯发现了一个非常现代性的悖论：没有大写历史的"法则"，历史实证性就会变成漫无目的的考据；另一方面，一旦历史成为人的普遍知识，又会受到"历史的人"的变动性否决。如果我们诉诸历史事件的显现，人的行为就是黯淡的。面对自然史的发现，知识在分类基础上根据功能性和规范性建立起来；而面对人类政治经验的琐碎和庞杂，则必须越过"表面的兴风作浪"，哲学试图坚守逻辑理解的权限：黑格尔则将人的行动摆放在世界历史的中心——特指有着鲜活积极的参与意识的个体——行动意识的绝对性朝向精神，受激情和意志支配的个体才能实现个体性，因此历史线索可以在辩证中得到理解，而逻辑回望不能等同于历史规律。相对于康德，黑格尔的"历史精神"是如此坚定：

> 这种善，这种理性，在它的最具体的形式里，便是上帝。上帝统治着世界，而"世界历史"便是上帝的实际行政，便是上帝计划的见诸实行。哲学要理解的便是这个计划，因为只有从这计划所发生的一切事件，才具有真正的现实性。[2]

对于黑格尔，个体性就是历史意识，而这个个体是"良心、断定和行动"的策源地，其"全体"表达就是"国家"，实现了的客观的自由精

---

[1] 福柯：《词与物》，483页。
[2] 黑格尔：《历史哲学》，38页。

神。显然这里说的断定就是判断力,但又不同于康德说的人人都拥有的先验心智能力,而是逻辑辩证最后一个环节中个别普遍性的表征,即伟人,他们是他们自己的目的。因此,尽管阿伦特把历史主义的进步论归咎于黑格尔和马克思,将历史哲学等同于沉思生活,但在时间的拖拽下,过去的过去和未来的未来是每一代人都要承受的无限性。她反对终极审判的"伪神祇"。无论康德还是黑格尔,哲学家思考的时候,他们在哪里?他们处在无限的未来之中,而灰色的现在从思想的洪流中悄悄溜走了。在哪里思维?阿伦特的回答是在过去与未来之间,这也是精神生活生机勃发之地:

> 在过去和将来之间的这种间隙中,我们发现当我们思维的时候我们在时间中的位置。……在"旁观者"和裁判员的位置上评判发生在世界上的各种各样的和无止境的人间事务,虽然不能为人间事务之谜提出最终的答案,但随时准备用不断更新的答案来回答可能产生的问题。[1]

哲学家们将终有一死之人的"现在是"(being),经由主体意识扩展为"过去是"和"将来是",纯粹思辨的"我是"(在)才能将不在场的事物带到"心灵之眼"的面前。在意识经验中主体性的逻辑起点被黑格尔表述为"感性的确定性",稍纵即逝的心灵状态,而在犹太民族那

---

[1] 阿伦特:《精神生活·思维》,232页。

里是知识和信仰合二为一的神圣时刻。阿伦特试图将这种哲学思维的主体性状态转换成既短暂又贯通(articulation)的判断活动,"旁观者"看见了川流不息的"人间事务",而"答案"的更新和意识多样性相关联,判断的义务则将它们聚集,为它们兜底。"现在"就不可能是一堆杂乱的被贬低的直观经验,更像是柏格森所说的自由意志的"政变",[1]不是"深思熟虑"的因果关系的掂量,而是经由回忆—想象力渗透、叠加和往返,一种无条件的决断本身就是一桩令人惊奇的功绩了。正如康德试图解决知识和自由之间的沟壑问题,它们之间的桥梁是判断力。

当我们用理论思维去处理历史经验和政治现象的时候,往往会出现这样的困局:首先,求助于时间的线性延伸,这就是说习惯把希望寄托在下一代,因为当下总是令人绝望的,历史目的不是某代人或某个人能实现的;再者,行动的目的往往如黑格尔所说的,所愿、所为、所成、所是其中任何一个都可以充当目的,但在时间维度上它们究竟是相继的还是同时的?更何况行动的真正危险在于结果都是不可控的,不可控的危险性总在威胁着人对意义的寻求。但判断力则在知性沉默的地方活跃起来,感性反思创造了一个新的对象,被目的囚禁的行动获得解放,用康德的话说,一个超感官的想象力获得了一个感官的现实。因此,基于判断的义务去探寻政治生活的审美基地,那么阿伦特的发现就是具有独创性的,并处在事实和价值之间,政治

---

[1] 柏格森:《时间与自由意志》,吴士栋译,商务印书馆,2010年,116页。

总在到来之中,一种提前了的代际—时间。

《判断》(讲稿)可以看作《思维》和《意志》理论困局的解决之道——尽管书稿未成,我们能获得的仅仅是一条粗略的线索。判断不仅是阿伦特最为看重的心智能力,还因为判断问题的提出,映现出思索的孤绝对世界的敌意以及自由意志的"自发性深渊",因此,下判断就成了在世界之中唯一的、可靠的鉴证行为,回应一个在世性问题:是什么给予人类生活以意义,或者说是什么总是在迎向意义。在过去与未来之间,阿伦特根据判断来回答这个永恒的政治哲学问题。

对自己置身其中的世界,人们这天生具备的反思性判断力究竟来源为何呢?相对于概念先行的知性判断行为,人的大部分能力还未被使用,徒劳的欲求保持着某种紧张状态,康德称之为"人的天性中的有益性情",因此能够生产出一个对象。他给反思性判断下的定义为:在没有普遍法则的前提下,针对特殊的事物下判断,说出这是美的,那是崇高的,或无可测度的伟大。[1] 反思性的审美判断活动和理论沉思相比更具有普遍性,不需要知识训练,面对一个特殊对象,人人都有说出美的能力。目的论判断则补充说,在有所用途的自然机械目的之外,还有一种自由的目的,即这种纯感性形式判断的造化之美。自然的技艺所具有的造型能力和人对自身世界的塑造能力具有一致性,这也是古希腊人所说的政治技艺,而不是政治知识。

---

[1] Kant, *Critique of Judgement*, trans. J. C. Meredith, Oxford University Press, 2007, pp. 14 - 15.

## 4 公开、判断和意义

人不可能站在知识界限之内去解决一个不属于心智认知的问题,当然这也触动康德必须把这个特殊的问题放在《判断力批判》之中,他的用意在于为理性和知性,通俗地说是为理论和实践搭起桥梁。康德认为,心灵有三种先天的高贵能力:"认知能力"(cognition),基于知性法则而从事的活动叫技术实践;其次是欲求能力(desire),关涉自由,基于道德律而从事的活动叫道德实践;还有一种,就是《判断力批判》要考察的"情感能力"(feeling)。尽管康德没有像针对前两种能力那样,给出简明的法则,但他发现必须把判断活动本身与逻辑—形式判断做一个区分——后者是指我们依据概念(简单到能说出的一个单词)和法则所下的判断,这个活动具有以下三个特点:(1)针对特殊事物,(2)无概念依傍,(3)为了情感(feeling,快与不快)与合乎目的性的普遍有效相关联。

无概念即无规定性,就是说总有些偶然性的经验突然冒出来让我们不知所措,同时也激发我们的好奇心,这时候康德认为,只能在"思考中为自身定向",动用想象力和理性能力,把无限定的事物当作限定性概念的基础,呈现给我们的外感官,[1]那么判断活动与创造活动本身就没有多大区别了,就是说一个科学发现和一种艺术活动同样满足上述条件,基于此,在《判断力批判》一书中,康德把它们区分为目的论判断力与审美判断力。而阿伦特未完成的《讲稿》主要针对审美判断力部分中的"美的分析",围绕康德定下的这条法则:共通感作为理念,去反思政治判断如何成为可能。此处所说的政治,基于阿伦特的政治思想,不是经典意义上的合法则性演绎,而是具体的政治活动和政治现象。处于政治生活中的诸个体,他们身上所具有的,用康德的话说是那先验的判断力,涉及审美能力,与这能力相随的是如同知性那样诉诸他人的同意,这种特殊的能力有知性能力的特质,但不同于知性统一在逻辑范畴之中。

更何况康德将规定性判断和反思性判断的区分诉诸他人的同意,并从心里意愿着他人的同意,结果的一致性不在考量之内,这样一来,阿伦特认为正是因为可交流性,审美活动的政治意味凸显,一个政治共同体的心智来源获得确认。政治生活除了与伙伴一起行动,还需与伙伴一起旁观—判断,在这个意义上政治的复数性意味就完整了:

---

[1] Kant, 'What is orientation in thinking', in *Political Writings*, ed. S. H. Reiss, Cambridge University Press, 1991, p. 241. 康德认为以身体为中心的左右感觉,尽管不同于几何方向定位仪,但这种判定方向的主观感觉依然是可靠的。关于针对这篇文章的进一步分析,可参见海德格尔:《存在与时间》,126—127页。

科学的真在于可以被他人反复检验,具有一般的有效性。哲学的真没有一般的有效性,它所拥有的只是"一般的可交流性",正如康德《判断力批判》中所说的趣味判断,"尤其在关涉人的一切事物方面,这种人类的自然禀赋是为了心智的交流和言说"。[1]

阿伦特非常敏锐地注意到,在康德所处的君主制时代,他伸张的"可交流性"表现为一种"阅读的公共性"。"阅读的公众"是康德《何谓启蒙》一文中强调的"摆脱未成年状态","公开运用自己理性"的独立人格。这和政治有什么关系呢?正因为君主制下的政治对于民众来说是神秘而不可接近的禁区,尤其政治活动成为"政府"及其"臣属"(subjects)专利的时候,不是思想自由——因为这个无人能剥夺,而是进行思想交流的"阅读公众"成了"公开运用理性"的载体。启蒙了的公众作为理性主体必须"合法则性",因此"革命"和"暴动"在康德那里是没有区别的。虽然康德这位启蒙执牛耳者在政治上是保守的——当然这冲突是其思想体系的产物,但是他为我们留下了"判断力"的哲学遗产。阿伦特将旁观者的"全局"视角与康德确立的"必须

---

[1] Hannah Arendt, *Lectures on Kant's Political Philosophy*, ed. Ronald Beiner, Chicago: University of Chicago Press, 1992, p. 40.

公开"(publicity)这条格律(maxim)相融贯,[1]为政治思想在经验层面的可能性开辟了思考方向。所以,阿伦特非常巧妙地将"可交流性"的启蒙精神转移到被哲学所抑制的感性政治的世界,这也是康德"目的论判断"中所说的"配享幸福"的人,可以运用想象力自由的主观合目的性,同时在天才创作和旁观者的感性判断上承担职能。更何况"演员"总得关心"观众"的反应,判断力是在为"疯癫"的创造行为置入感性的堤坝,正如历史概念嵌进杂乱纷呈的人的行为。无关旨趣的审美判断贯通起知性和理性,知性能直观但不是对象自身,因为物自体概念;而理性有对象(概念对象)但又不能直观,因为自由理念。它们各自的欠缺涉及存在与虚无,在反思性这个贯通点上建立起的感性秩序,一方面助推知性的发展,另一方面点燃对自由的热忱。

正因为想象力与其所有者相比更加基础,是其所有者的根基,反应了本真自我的实质,康德才说,不要去问人为什么存在,而是人本来就内在于"超感官的能力",在他自身中辨认出了这种自由,即最高目的。[2] 如果人的概念是宇宙之中的一个类属,那么就历史而言,意

---

[1] 为了解决政治和道德的冲突,秘密行动违背康德的实践理性法则,但"公开"这条格律可以解决此冲突,阿伦特认为"公开"的前提是"自由"。在专制环境中,人们总是不自由地,也有可能是秘密地去寻求自由,或者如康德所言,以邪恶的方式抗击邪恶。行动和旁观没有共时性,好在任何行为,不管是统治者还是被统治者的,"公开"格律可以还原为更具体的"旁观"判断,大多数人在"看"就是历史判评的现象活动本身。见康德:《论永久和平》,自《康德历史哲学论文集》,226页。

[2] Kant, *Critique of Judgement*, trans. J. C. Meredith, Oxford University Press, 2007, §84.

义并不向某个人或某代人呈现，行动的崇高恰恰在于其就是自由本身，终有一死的行动者根本无法找到什么意义，因为他们已然在自由之中。

如果要追究意义，那么就该纳入旁观者的维度，没有观众，演出就毫无意义；没有品鉴，天才作品只能是胡说八道。虽然根据拉丁文，旁观生活就是沉思生活（vita contemplativa），但阿伦特在更强的意义上把沉思生活的原意引入政治生活之中。旁观和独自一人的思索不同的是，前者不管什么总有些可见的和可说的。可见性对应政治生活的公共性，在此前提下可说的——如果不是无言的牲口——可说性里就有判断了。而这里的判断又不同于逻辑判断，政治判断犹如审美判断一样，私人性和公共性具有辩证关系。如果把创造活动当作一个过程，其中任意一点即一个判断，这个判断的可能性条件是什么？如果说演绎法处在开端，归纳法处在终点，那么思考过程性的判断或行为，对于康德那威严坚固的理性法庭来说是多么冒险的事情，哲学家作为立法者，怎么可能破除法则。因为，在康德那里，认知的起步机是知觉（perception），知觉跟一个简单概念共谋即表象，从而形成一个判断，比如，水是热的。而黑格尔在《小逻辑》中提到，与"水是热的"这样的判断相比，还有更复杂和高级的判断，即这是美，或这是善的、正义的。黑格尔的意思是在高级判断中，定冠词"这"指认出的是精神外化的对象，创造了一个新的时空规定性，包括宗教仪式、艺术作品和人的行动。康德认为，这个下判断的行为会给我们带来愉悦，即一种额外的自由和幸福。

"高级判断"里涉及创造性的活动,在《精神现象学》观察理性的章节,[1]黑格尔将可见和可见性做了区分,可见性与合乎法则的认知相关联,当我们面临某个对象的时候,那多出感觉的部分被仓促定义,感觉内容马上去跟一个简单的概念汇报,从而断定这是什么什么,复杂一点的表述则是什么什么主义,即观念论。在此情形下,判断力并没有发现什么,而是重复了一个给定的说辞而已,并没有什么额外的幸福产生。正如我们平常所理解的言论自由,表达一个自己所坚持的立场和想法,或者将某个概念或自己信以为真的理念应用于判断(apply),表明宣扬什么、主张什么,这些都是已经确定的,而不是针对特殊对象下判断(making)。"特殊对象"很有可能是陌生的、无可理喻的、新奇的和惊悚的,正如针对法国大革命,黑格尔的用词是感性的、旁观的,称之为"新事物的黎明",康德则认为其"让旁观者有参与的渴望"。康德甚至区分了判断和批评的差异——阿伦特却把它们混为一谈——后者遵从逻辑、诉诸对象,前者仅在感性之中予以判断。判断力面临的是一个与合乎目的的普遍性相关联的特殊对象,但判断活动本身无目的性。因此,当阿伦特晚年思考人类心智生活的三种样态的时候——和康德的划分一样——把判断力当作最基本也最困难的议题。其实机械服从命令的艾希曼并非缺乏思考能力,而是因为判断力的残缺导致一个平庸的家伙,即便严格遵循道德

---

[1] Hegel, *Phenomenology of Spirit*, trans. A. V. Miller, Oxford University Press, 1977, pp. 145 - 185.

律的形式——无条件服从——也可能间接作恶。

## 二 作为义务的共通感

　　判断力的消隐是因为现代之后形上真理和人世间的敌意被解除，系统化运转让判断力显得多余，尤其在对机器—数据—智能判断高度依赖的今天；当然，我们的问题提错了方向，比如人是否会被智能取代。康德也许回答，人的道德行动和感性判断能力不会被取代；阿伦特会说政治行动将成为生活的中心。现代之后，感性事物（feeling）被划拨到美学（aesthetics字面意思是"感性的真理"）和艺术范畴，而政治生活基于形式法则，极力排除心理性的内容——但现代政治哲学的预设条件是心理的——感知共同体蜷缩在艺术所划定的角落，或暧昧不清的私人经验之中。传统政治或道德文化所打造的伦理共同体，在全球化的过程中，已经失去了其实质性的体验。在恐惧、烦恼、爱与恨的情感经验中，人们彼此隔绝，使得现代交往躲在商品背后，经由货币符号结算、标示其抽象价值。政治作为技艺或实践智慧的古老训诫被遗忘，政治生活变成了制度性的机械运转，但莫名的被剥夺感及其引发的不快乐，已经外显为各种社会性动荡。度量失序的标准已经丧失，不管具体利益的增减依据何种框架予以考察，问题的症结在于，不快乐已经蔓延开来，康德所说的第三种欲求能力也萎缩了，正如网络语汇给这症状打上标签：丧文化和佛系文化。

在这看上去如同历史—政治终结的空虚时刻,历史哲学仿佛生效了,用阿伦特的话说,"创造历史"如同制作过程总有完结的时候。但在黑格尔那里,终结说的是精神完成了它在时间中外化的任务,过去的一切都如时间长廊中的陈列品,是主体和作为艺术品的"我"的完成/终结,出离于时间之外(out of time)。主体消失,相应地外在化的精神运动也终结了,语言—象征—形式—系统的投射屏撤走了。主体消失也就意味着对象性的消失,自身性的正义得到伸张,创造力和想象力凸显。与康德关乎自身的感性判断相比——尽管他喜欢说不可数的强度大小——历史得到了概念性的理解和直观。时间是精神性的血肉饱满的概念,其高强度运动的终结意味着与自身等同,即精神至福。终结不等于停滞,超越主体性之后新的问题在于,不是历史中的未来而是哲学的未来或未来的哲学如何成为可能?

## 1 感觉自身的运动

即使抛开意识经验的演化逻辑,我们发现康德把这个非时间性的环节(moment,也译作机运、机缘)审慎地留给了感性判断力。在此,愉悦的共通性依然保留在人的心智之中。这是基本而微弱的人的资质。如何建设并强化这种能力和期望,涉及感觉共通体和政治共同体的重建。感性判断力无据可依,其原则仅仅契合它自身,并给出了一种可能性。因为依据和结论是对这一活动的逻辑回望,并通过严密思维产生的,逻辑在回望那发生的一切时所形成的结论,成了利害攸关的校准器。

个体性实存是静默暗哑的,只有快/不快的感觉才可以将诸个体贯通起来。人人都有感官,而官能性的愉悦是理解共通感的一个范例,比如品味,既非普遍性又非个别性,在普遍性和个别性之间——当然娱乐工业领悟了这一要义,将感官性的刺激制式化了,在感性判断力这里,品味不是指一种熏陶和练习,无论自然的还是艺术的,更不是打发时间的日常消磨。如果抛开这些品味练习的现象,单从品味本身来考察,它仅仅是那愉悦我们的存在,用康德的话说是"可直观的内在性有个强度的大小"。"愉悦"介乎满足和敬重之间,既非感官刺激也非道德目的。这/那朵花好看,这/那顿饭很美味,人人都有能力下判断,而这判断无对错,但这个/那个之间的位置贯通知性认知和理性自由,既依赖想象力自由的牵引,又鉴于某个外在对象,对想象力有所遏制。现在,这个那个,针对一个漂浮的冠词,只是为了感觉自身的快与不快,这样的情感体验本身无关旨趣,但隐含着一个普遍主观的公共性意味,如同知性逻辑的一致性,否则政治学中的公共幸福就无法得到表征。

想象力如亚里士多德所认为的那样是感觉自身的运动,[1]并渗透在知觉、思维和理智之中,就是说感觉贯穿在知识活动和审美活动

---

[1] 《论灵魂》,见前引89页注释1。imagination 的希腊文 *phantasia* 和光(*phaos*)是同一词根,因此敞亮和公开,与感觉运动共在。亚里士多德还强调,官能是一种潜能,比如有视觉,但还需要看(seeing)这一活动来实现这种潜能,阿伦特对亚里士多德的"实现活动"的说法特别关切。

之中,但之于后者,亚里士多德提出了难题:感知到白色并马上形成一个白色的观念,这并没有什么歧义和混杂的,或者说这是在同一时空前提下辨认和认定对象的活动。但如果说白色让人感到舒服,这样的认定就很难达成一致,因此和认知活动相比,他对想象力基本采取不信任的态度。但这里有个微妙的区别是亚里士多德自己提出来的但并没有深入的地方,即感觉运动和记忆术。通过想象力,可以把不在眼前的事物召回——亚里士多德说是画面——形成一个新的感觉对象。至于究竟是什么让人感到舒服和愉悦,白色还是绿色都不重要,而是说在没有观念和概念参与的条件下,愉悦究竟是如何产生的?亚里士多德在谈及味觉的时候指出:和其他官能相比,只有味觉通过品味行为,合乎比例的咸、甜、酸混合在一起,会让人产生愉悦感。合乎比例(ratio)对于古希腊人来说就是理性的(rational),这就很好理解康德所说的趣味判断,其共通性不在于什么让人愉悦,而在于愉悦本身,这种共通和普通逻辑的通用性一样,都具有确凿性。

感觉的运动是感受力的一种过程性练习,正如言说活动是政治生活的过程性演练(perform)一样,活动的目的性不是关键,而是运动—活动自身达成一个通用界面。阿伦特特意将启蒙观念的"独自思考"(thinking for oneself)[1]——一般所说的独立思考是指知识层面的求真——带入可交流的公共性。公共领域不是现成的物理空

---

[1] Hannah Arendt, *Lectures on Kant's Political Philosophy*, ed. Ronald Beiner, Chicago: University of Chicago Press, p. 43.

间,而是如同感性判断活动一样,不是为了求得一致性的共识,或者让别人赞同自己的观点,而是像苏格拉底做的那样,在人群之中和广场上,他人的在场让康德所说的"公开运用自己的理性"成为可能。伦理英雄苏格拉底的姿态是试探性地把自己的思想交出去接受检验。尽管人的思辨能力有差异,但这里所说的公共性就对个体的单数的思想自由形成了某种限制,另外又在道德直觉上唤醒和触动人人都具有的能力,这种冲击力如同柏格森所说的,本真自我赫然挺立,正如说出绿色是美的一样,但不关心绿色是一种怎样的光学效应。

如此私人性的感受带有强烈的冲击力,真切地感受到了什么,但无概念可依,或者说不可思议,这时感受力如一块磁铁,为了吸纳一切所释放的磁力让分享就成为必然。分享冲动要寻找自己的伙伴,分享让快与不快从单数变为复数,为了自身的感觉,人人都有,在政治行动中,这感觉因子构成了我们所说的赞成/反对。从快与不快生发出来的这种能力注重的是关联的丰富性,而不是知识性的澄清和区分,康德写道:

> 如果我们假设感觉有种普遍的可交流性,自行运作,并能引发我们的兴致……那么我们就能解释,品味判断所欲求的那种感觉人人都有,正如义务。[1]

---

1 Kant, *Critique of Judgement*, trans. J. C. Meredith, Oxford University Press, 2007, p. 125.

为了与知性认知区分，康德在此段专门强调这假设具有反思性而不能等同于反思判断。就判断的时间形象而言，判与断如电影剪辑，是一种内向性的无限区分，有点芝诺的意味了。判断行为要做的事情恰恰是当机立断，尤其针对众人的事务时，该在何处切断认知过程所带来的犹疑和两可。因为理智的悖论性思维往往悬置判断，前者会自行推演以致无穷无尽。停下来，去判断，此刻就制造了独一的对象(particular)，这独特性不是根据知识的规定性而产生，独特性来自这个即刻下判断的行为，或者说一种偶然性在意识之流中被一下击中。思维本身有乐趣，但这乐趣仅仅关涉个人，在处境与生活世界的紧急关头，这乐趣无异于阿伦特所说的"自发性深渊"，而跨越深渊的行动，就是判断力。与逻辑判断相随的是命题，而判断力如一种压力和推动力，是触发行动的扳机。

如果说出这是美的，和对象的属性没有关系，那就是在感觉之中的自身性肯定。万物皆亲是因为人的跌宕自喜。康德才说过，不是自然让我们愉悦，而是用我们的愉悦经由想象力回馈给自然。这样一来想象力具有生产性，但没有直接的产品，只有当它和社会趣味相关联的时候，才有可能生产出一个对象。因此判断的时间形象伴随着无穷无尽的人类事物，以及无穷无尽的"现在"。在黑格尔那里最激进的就是这个"现在"，永恒的现在生生灭灭，他在其中抽绎出了辩证法以及否定的正当性，哲学以否定性的自由来理解时间流逝的瞬间，在这个意义上时间非其所是。因此黑格尔的道德观不是主体性抽象法则，而是应然和实然、精神和实存、理论和实践的彼此相互否定，在否定辩证法中托举出新的事物。正因如此，他认为行动的意义仅仅在于开启又一个行动空间。

## 2　自身性的正义

康德的自由难题在柏格森看来是因为他把"时间"当作"纯一媒介"，"把现象连枝带叶交给我们的悟性，而对于本体界则不许问津"，[1]由此自由不可认知，"汝当……"如此行动的道德律威严、庄重和纯净，就是理性理念自身了。作为内感官的"纯粹感性形式"，时间模式只有同时和相继，这是古老的"同一与差异"命题的现代表达。但康德依然在哲学传统之中将时间理解为亚里士多德所说的"灵魂的运动"，一种内感官的先验实在（real），在空无形式之上的某种先验感性条件。基于求知的意志，一切都在时间序列之中，遏制住先验想象力，克服无限性。如果是内感官的实在，柏格森继续推进，这个实在的组织结构就是我们"意识的直接材料"，比一般法体系所预设的"自由意志"更加基本。多样化的内部感觉跳脱了线性时间，可以重叠、往返、回撤、渗透、交错和交织。必须把现代时间作为科学研究中的独立变量，将其和人自身的感性形式区分开来，因此德勒兹说的

---

[1] 柏格森：《时间与自由意志》，176页。另外，本书的法文原标题是"意识的直接材料"，回应休谟的概念 sense-data。

没错,在判断力批判中"时间迸发了"。[1] 尤其在论及崇高的部分,正因为内感官的时间意识必须服从规定,让思维攫住想象力的暴动康德曾非常敏锐地指出想象是行动,这实际上是把柏格森意义上的"绵延"转运到审美活动之中。崇高感抗阻外感官的有限性,这种主观感觉"以其状态变形的方式"超越可见性,成为我们的道德情感。[2] 但这种变形不是疯癫和狂乱,"变形"使得可怖的自然对象和自由理念的表征平起平坐,而这一点是逻辑无法做到的。尽管偶然性单独地发生在个体这里,但非如此不可了,就是这样的,这股欲求的动力也可能发生在诸个体这里,不是宣称而是要求行动的义务。偶然性从时序担保的因果链挣脱出来,不是说众人一致认定什么,而是人人都在断定,都在如此这般地自我肯定。

康德在"先验逻辑论"中曾提及"感觉的强度"作为先行条件(anticipation),[3] 这个强度不同于外延的量,只有增或减、强和弱的知觉感应,总是小于有—无或从零到一的差异,也即时间本身不会流逝,而是鲜活生命的感觉强度在起起伏伏。在弗洛伊德临床观察看来,这是不可见但实存的心理状态,比如幸福,是一种具有强度的心

---

[1] 德勒兹:《能够集结康德哲学的四条诗意表述》,见《哲学的客体——德勒兹读本》,陈永国译,尹晶主编,北京大学出版社,2010年。
[2] Kant, *Critique of Judgement*, trans. J. C. Meredith, Oxford University Press, 2007, pp. 97–98.
[3] Kant., *Critique of Pure Reason*, trans. Paul Guyer and Allen. W. Wood. Cambridge University Press, 1998, pp. 290–291. 为了满足科学方法论的先验要求,康德把内直观起起伏伏的多样性抽象为感觉强度的量,即实在性,他要解决科学活动中可计量的 unit 终究是从时间-意识而来的。

理体验。柏格森更为明确地指出:"我们在外界找不到绵延,只能找到同时发生",内在与外在的区别是时间和空间作用的结果。[1] 线性时间的说法是一种权宜之计,康德措辞委婉地说:"正因为这种内直观不依从任何样态,我们也只能通过类比来弥补这一缺憾,通过一条无限延伸的线来表象时间顺序,其中杂多构成的序列只有一个维度。"[2] 这样的规定是当我们的心智运用于现象界的时候,所必须遵从的法则,但"非规定性的判断力原则,不是普通的知识,更像是一种艺术的知识"。[3] 在论及一般艺术概念的时候,他并没有规定艺术是什么,而是着重提出艺术与自然、科学和手工艺的区别,艺术活动的独特性在于不知道为什么这样做,在于仅仅知道必须这样做,它是生命的作品因而也具有速朽性,但可以驻扎在反思性判断中。正如阿伦特将政治活动和历史、知识、沉思区别开来,行动的脆弱性和旁观者的判断共同见证自由的理念。可说的和不可说的,可见的和不可见的,公共的和私人的交织互现,相对于规范性的政治服从,使得政治行动从根本而言就是显现的自由:

显现,通常意味着呈现给他人,这种显现根据旁观者的

---

[1] 柏格森:《时间与自由意志》,174—175 页。
[2] 此处康德是在经典物理学意义上定义时间,和现代物理学的三种时间方向观有区别。Kant, *Critique of Pure Reason*, trans, Paul Guyer and Allen. W. Wood. Cambridge University Press, 1998, p. 163.
[3] Kant, *Critique of Judgement*, trans. J. C. Meredith, Oxford University Press, 2007, p. 328.

站立点和观察点而变化……显现意味着每一种显现虽然有同一性，但能被众多的旁观者感知……正如演员的上场演出需要依靠舞台、其他演员和观众一样，任何生物也依靠一个持续地作为环境为它自己的显现而显现的世界，依靠共同参与演出的其他生物和承认或认可其存在的观众。[1]

阿伦特习惯用"演出"（performance）来比附人与他人为伴在世界之中的行动，那么什么是能被众人所感知到的演出—显现的"同一性"？在《判断力批判》中，康德一再强调这种判断力的心理属性，感性判断针对美的感受，合目的性判断针对形而上学或神学，黑格尔的术语叫"信仰的意识"（believing consciousness）。信仰着的意识，就是觉知，就是思考，只不过在犹太民族那里，有个超验的思考者。"能被感知到的同一性"，也就是为共通感赋形，这成了几乎所有现成共同体在出生时刻就必须完成的工作或事迹。因此康德所说的"一种共同感觉的理念"，使得这个拉丁词组 sensus communis（英译 common sense）的内涵扩展。针对"理念"，如果我们采取海德格尔所指出的古希腊本意，即爱多斯（eidos），有可直观的感知物，其可感知性对应着人的表象能力，在场的共通感之共相必须被看见。真实但无关乎正确的"这个什么"的显现，有别于心智综合的概念图式，并且是为了情感自身而进行的实践活动，比如政治共同体，包括城邦、主权/国家

---

[1] 阿伦特：《精神生活·思维》，22页。

或社区，与之相应的心理基础被称为灵魂、精神或情感。因此，阿伦特把这个拉丁词组解读为感觉共通体：

> 共通感就是感觉共通体（community sense, *sensus communis*），正因为其区别于私人感觉，它向每个人发出吁请。吁请人们给出判断，让这种独特的有用性成为可能。快与不快尽管是私人性的，这种情感却扎根于感觉共通体，通过反思性的转化向着交流开放，每个人和每个人的情感都得算数的。[1]

如果良知的声音总是独自宣谕，那审美活动中对他人的吁请在阿伦特看来就是基于"品味"所能建立的伙伴关系。一般所理解的伙伴和同道要么集结在同样的价值立场之中，要么被共同利益所捆绑。但这些价值和利益都得到预先规定，好像基于这些规定的同意与否是不言自明的，这就是说同意变成了前提，不是吁请的结果。但我们知道，价值会堕入意识形态的纷争，利益会卷入不同形式的算计，用康德的话说，都得有旨趣保证客观性。快与不快的自身性关切在此是虚弱或晦暗的，这样，共同体裂隙往往因理解的变化和感受的差异—运动最终导致崩解，在这个意义上可以说从来都没有永久的朋

---

[1] 拉丁文 communis 也有伙伴和灵契的意思。Hannah Arendt, *Lectures on Kant's Political Philosophy*, ed. Ronald Beiner, Chicago: University of Chicago Press, p. 72.

友，但人总在寻找自己的朋友。如果没有反思性所提供的感觉共通体，就不会有这样一个场所，以品味的名义塑造朋友或共同体，因为基座被挪走了。但还有一更深稳的无法诉诸概念、无利害攸关的本真性自我在吁请和寻找另一个本真性自我。

### 3 想象力渗透每个当下

最早提及"共通感"的著作，应该是亚里士多德的《论灵魂》，此书被公认是最早的心理学研究。亚里士多德把"共通感"理解为一般意义上的通感，就是说感知物的感知性对应了人的五种感觉器官，但还有一个感觉能力并没有对应器官，却是人人都具备的，这就是第六种感觉能力，托马斯·阿奎那把这概念注疏为"通感"。康德在《纯粹理性批判》中说，经由想象力，各种杂多的官能性感觉可以归到"统觉"之下，所有表象才可称为"我的表象"，为综合判断奠基。"我"在此处就是一个被征用的共通场所，是"我"维系聚拢这些知觉。这个能被感知但不能被对象化的虚构场所必须用一个虚构的概念"我"予以标记，这个简单的标记性概念就成了交流得以可能的最为优先的条件，正如德国国民经济学家索恩-雷特尔所说，必须分清我的和你的，交换行为才可以发生。

哲学正是以"共通感"的名义所进行的全部思考，"我"认知，成了知识论，"我"行动，成了伦理学，"我"审美，成了美学。也许黑格尔是第一个关心"我"如何转化成了"我们"的哲学家。自我意识的断定和外展,落入时间—空间之中,精神可以得到理性直观,他认为第一个"我们"是宗教社团(community),即复数的自我,但没有历史性内容,而道德意识中的"我"是独自升起的自由,并与自然相匹配。在想象之中,感觉形式没有主客体之分,因此精神的愉悦就是求实存的愉悦。良知的声音只是宣称某种肯定性——如同宣称这是美的——自我确信(self-believing)压倒了规定性的确知。但不管是认知行动还是审美活动,想象力总是比其所有者更加基础,并贯通于哲学的这三根支柱之中。如果我们把想象力看成感觉的基质,受概念范导的想象力服务于认知,即有限运动,而没有概念范导的,或者反过来说,当既有的知识服务于想象力的时候,即无限运动。如果引入时间模式,此时此刻只有想象,即实在;当感官遭遇一个对象,感受(sense)为了认出这个对象获得感知,其动用的是对一个概念图式的记忆,预设了概念图式的优先性,与感知相伴随的其实是再现,或表征(represent)。但唯有想象力总是此时此刻的,渗透在每个当下(present)。想象力不仅作用于一个外在对象,在没有对象的情况下,想象力依然可以工作,它可以把不在眼前的知觉及其表象联系起来,把过去和未来扣留在当下。康德说,美味是可以召回的,记忆中的美味依然能够产生愉悦,比如对所谓家乡味道的执迷,但这愉悦的产生没有概念图式可以依傍。想象力是心理活动的引擎,发动了知觉和记忆,所以亚里士多德说,记忆和所思之物的条件是心理印象,有个 image,最本源性的特点就是总能对位移物之位移留下印象,这种对位置变化的记忆痕迹是时序感的原初形象,然后才是运动和数的关系。而这个如蜡块之上的印记,亚里士多德称之为"灵魂",灵魂是城邦共同体的共通感。它不是感知也不是概念,作为名词的 image 是素材(data),作为我们内心的时序感不是计数,即时间之时间性对无限运动进行了规定,这规定如在时间之流中标出一个点。时序感中诸多的点并非外在于彼此,像弗洛伊德分析达·芬奇的绘画一样,可见的图像和不可见的图像彼此相互内嵌。

对于康德那维系表象统一的"我"或"我思",黑格尔直接称之为"意识",这个"我"则是有待完成的意识运动。意识是一种零度位置—场所,一种无差别的抽象的普遍性。点在虚无中绽出,但作为共通场所,以"我"之名,让想象力的赋形冲动,通过行动—运动—位移,"我"才得以显形,相应地时间形象绽出,时间性的断定被完成。在政治哲学中,这个空无场所被想象为"自然状态",霍布斯在《论公民》中说,一切人拥有一切权力,便无权力[1]。如果从"主权论"的诞生时刻来看,而不是从"主权机器脑"诞生之后的运作机制和效能观察,霍布斯是在建构一个叫作"利维坦"的前所未有的事物。对此,理性主义会说这是逻辑上的演绎,但作为公理的"自然权利",其共通感的图式需要找到一个共有的心理基础,在霍布斯那里就叫恐惧,一种痛苦、绝望、无助的关乎情感的判断。[2] 因此,通过对恐惧的直观和"利维

---

[1] 霍布斯:《论公民》,应星、冯克利译,贵州人民出版社,2002 年,5—6 页。
[2] 昆廷·斯金纳:《霍布斯与共和主义自由》,管可秾译,上海三联书店,2011 年。在导论中,斯金纳为读者还原了霍布斯思想诞生的时代场景,专门提出 visual image 是思想家特别看重的手段,理论书配上图画,作用于人的情感,唤醒 common sense。

坦"形象的相似性,政治创制(fiction)如造型艺术,或者说所有的创造性活动首先是通过想象力,制造出的一个时空对象。这创制能力对应想象力的权能,是一种"无目的目的性",目的性回指自身,那个最初的空无的场所"我"。关于这一点,霍布斯继续设想"主权"在诞生时刻的立约行为,如审美行为那样,无利害关系的浸染,像一台机器那样进行单纯的计算(naked calculating)。像一台机器,不等于机器,"我的"恐惧就是所有人的恐惧,应援恐惧的"自然权利"与其说是公理,不如说是霍布斯捕捉到了"作为理念的共通感",一条能够用言辞标记而出的公理,仅仅是一个理念,或感性形式激发了行动。"原初协定"在康德那里指不言而喻的"共通感",在霍布斯那里是一种心理印记,在虚无的自然状态之中绽出,其后才是"根据这条公理行动,通过行动,把这条公理实践为一般法则"[1],正如俗语所说:人同此心、心同此理,在"理"之前须得有一个感性判断的发生场所,在这里"共通感"即康德所说的理念形式中的内容正是快与不快,阿伦特将此联系到政治上的同意与反对,也正是在这节点上,阿伦特认为行动者和旁观者统一起来了。

---

[1] Hannah Arendt, *Lectures on Kant's Political Philosophy*, p. 75. 康德在《判断力批判》第40节中,把判断力的公理规定为:站在他人的角度的思考,根据这条公理,以品味判断为例,总是期望他人也如此这般感受,尽管美味本身是那么微不足道,但愉悦感心气相通,则是共通感的权能,仿佛是人们不言而喻的原初协定一样(original compact dictated by human)。阿伦特将此发挥为行动的公理。根据斯金纳的解读,霍布斯的主权—契约一词指 convenant,即一种信约,授予任何个人的 common power,而这 power 来自人们自身,如同来自人们自身的感受,即 common sense。

## 4　开启（arche）、崇高和范例

美引发愉悦，崇高关涉可怖（不快），后者经由道德力量，把可怕的威力（might）回敬给自然，康德的用语是指社会性的"道德趣味"。就内感官的时间意识而言，美与崇高都不可量化，而是感觉强度的表征。和美相比，崇高的、可怖的所具有的强度甚至超出了人的心理承受力，但它们都挣脱了"外感官的专制"。在此，康德认为是自由的理念托住了我们，让人保持自我肯定的道德一致性。尤其在艺术之中，保留了这种让自由显形的共通感。不是说肉眼看见了什么就经验到了什么，更何况现代艺术很少表达肉眼所见，因为艺术保留了共通感的某些东西，它们简单、强大而直接，让可怖的变得是可亲的，不可见的就获得了可见性，这正是现代绘画的实在性（real），一种无意识的复本（doubleness）。

关于可怕的"自然状态"，在政治学中要么把它当成一个假说，要么把它当成政治发生时刻的心理基础。而虚构（fiction）在拉丁文（fictio）中有赋形、创制的意思，因此，问题不在于虚构与否，重要之处在于并非原始人的文明人，经由想象力召回对纯粹自然状态的印象，经由想象力的激发，能够为恐惧赋形从而免除恐惧——我们所熟知自我保全法则在此处是结论——这才是一切创造行为的内在秘密。弗洛伊德将这种始源的心理基础称为"可怖"（uncanny），在主—客体未能得到区分之前，"恐惧和绝望的感受，如在婴儿和先民的心

中,支配着他们的原初自恋",[1]这一刻想象能量得到最大的释放,面对全能的可怖原始自然境况,想象力和肉眼合作产生自恋的复本。对康德来说,想象力的工作就是经由感性判断抵抗恐惧,从而也正是道德能力勃发的时刻:

> 正如被偏好和品味所捕获的人不能做出美的判断一样,处于恐惧之中的人也无法对崇高做出判断……但是,只要我们是安全的,恐惧就具有吸引力,我们称这些对象是崇高的,因为他们升腾起灵魂的力量超越了粗俗与平庸,并在我们自身之中发现另外一种抵抗的力量,给予勇气去丈量我们自身,以此抵抗似乎是全能的自然。……在理性职能中,我们也发现了另外一种非感官的标准,将无限性作为统一体置于理性之下……因此当我们说自然是崇高的,也仅仅是因为它抬升了想象力对这些状况的表征,心灵就会感觉到崇高,乃至超越自然是它自身的使命。[2]

---

[1] Sigmund Freud, The "*uncanny*", in *The Standard Edition of the Complete Psychological Works of Sigmund Freud*, ed. and trans. James Strachey, in collaboration with Anna Freud, assisted by Alix Strachey and Alan Tyson, New York: Norton, 1976. uncanny,德文 *un-heimlich*,字面意思为非家常的,陌异的,类似中文"近乡情怯"的表达。这种经验虽陌异惊悚却是亲切的,和全能的原初自恋相关,就是说先验杂多的想象渗透到意识之中,可领会但不可言说,交织着我们的爱与怕。

[2] Kant, *Critique of Judgement*, trans. J. C. Meredith, Oxford University Press, 2007, §28.

正是超感官的能力赋予人追求自由的使命,从而摆脱"外感官专制",在创造行为中获得幸福,并让幸福得到验证。针对意识的意识,黑格尔说是"自我意识",在这里搭建起了主—奴斗争;仅仅是针对感受的一种感受,如启蒙意识得到超感官的喂养,在感官世界(尘世)获得一个如此这般的样子,并侵犯既有的实存。[1] 在康德这里是反思性判断在想象力的协助下,对感觉材料的创造性综合而非认知性综合。针对恐惧感受的感受性外化,去行动,人类创造了恐惧的复本"利维坦"。正如在黑格尔那里没有绝对的主观和客观,他说,教徒所进行的宗教仪式,在时间和空间中呈现,那么这就是现实,但其现实性不能被知识所理解,只能被感受而已。一个仪式被看见,被感受,仪式就是精神的外化,是精神能被直观的产品,在这个意义上,黑格尔的国家概念也是指精神的实现,是一种高级的伦理实体。"共同体是实现了的精神",而共同体作为一种创造性的产物,一旦外化,就进入认知系统,想象力和创造力就朝向别处了。

与权力与权利概念辨析,以及机械运转的制度所不同的是,作为高级伦理实体的国家,一种"在家的自由"(freedom at home),即快与不快的伦理感受触发了政治判断。比如四年一度的选举,人民出场,在那个被称作"人民"的抽象面孔下,是经历了各种冲突与痛苦的心理个体或意识。政治生活中,认知主体退场,反思性的感性判断凸

---

[1] 黑格尔可以说是最早对革命予以精神—意识分析的哲学家,所以他才说革命是一种独特的劳作。Hegel, *Phenomenology of Spirit*,537、559 节。

显。政治过程及其现象其实要应对的是经由政治承诺所肯定的那个自我意识。自我意识在黑格尔的逻辑环节中,不是知识论层面的,他说,自我意识是针对精神而言的。表面上那些能被知性辨识的利益和目的,实则关涉的是对意义的追寻,意义高于利益,利益仅仅是某种索引,此刻的意义还没有被知性的指意系统捕获,感性判断侦测到的仅仅是这一个,这里/现在的快与不快。马基雅维利的那句名言:城邦高于灵魂;这是激情(pathos)的呼告,那"恰如义务的共通感"如其所是那样,必须暴露眼前,求得实存获得愉悦。阿尔都塞说,马基雅维利的孤绝在于,他脑子里的"君王"与"城邦"前所未有,谁也未曾见识过。在一种感觉的确定性中,马基雅维利像一位被灵魂图式搅扰的艺术家,因此,和概念图式不同的是,它是生产性的,而不是再生性的,后者只是在原型上做+1+1+1……如此这般的法则性运用。在第三批判中,康德将这种理性理念的不可见性,托付给生产性想象力,"像诗一样给出可感形式",即重塑经验(refashion)[1]。当然,政治知识告诉我们的是,民族统一的紧迫性是欲求城邦共和国的动机,但这里的问题是,紧迫性能被意识到的前提是判断力。如果不是神启的话,紧迫性只能来自一种强悍的心理冲动,坚信他人亦如此,这冲

---

[1] Kant, *Critique of Judgement*, trans. J. C. Meredith, Oxford University Press, 2007, §49. 在专门论心智构造天赋这一节,生产性想象力不再承担完型综合职能,而是关系到创造性的塑型能力,康德认为这种职能依然遵从的时间秩序是:《纯粹理性批判》中的规定性范畴表第三组"关系"中的第三个子范畴"共通性"(community)原理,但不是为了认知自然并利用自然材料创造第二自然的知识活动,而是为了"感受自由",并"超越自然"。在此,灵魂图式不是对应一个概念,而是想象力再造了新的概念或对象,正如马基雅维利的"城邦"。

动可以放在他人的位置上被掂量，一种沉入谷底的绝望反弹后的效应，黑格尔称之为"本真的存在"（inmost-being）。

从点的绽出到线的运动，时间感就变成了时间法则，感性确定性自身的形式被逻辑形式及其运用所取代，共通感在现成的共同体中被拔除，使得共通场所自身出现诸多变式，这就是现代人所熟知的景观与货币。作为通货价值标记的货币，这符号自身获得无限运动的可能性，在时间剧场之中上演的是金融戏剧，信仰意识对象化为信用机构，因而马克思才说信贷是天主教体系的。货币显形的冲动投射到空间就是景观。如果货币是位艺术家，它的欲求被资本家所代理，那么资本欲望有感性判断吗？

资本求愉悦的前提是永不满足，每次的赚到总是意味着赚得不够，流通则是其所做的循环运动。当我们说钱能买到一切的时候，说的是货币自身求满足的魔力抑制了感性确定性的天真状态，持之以恒的是货币本身，人听从货币的普遍性断定。不管在主权印钞机、经济—数学模型还是在金融制度中，人能贡献的只能是操作能力。当流通手段和价值尺度的界限越来越模糊的时候，理智就会惧怕货币超发，像控制词语一样控制着货币总量，就是说意义的存量是有限的，意义一旦耗尽，货币就会发狂。景观是货币想象力的实存，货币劫持了时间之时间性，货币变成了幽灵，而其对象化产物景观，与其欲望不匹配，不是创造性的或审美意义上的这一个，景观总是在模式中重复与叠加，本体性差异被伪装成内容的纷杂，就是说规划这个、设计那个，规划设计得越多，意义的交换和分配就因滞胀而阻塞。回想货币概念诞生之初,福柯在《词与物》中做了精彩的描述。货币从财产和财富所归因的界限和满足感里逃脱,成为万有之有。概念最初就是一个虚构和造型,"无目的的目的性"让扩建共通场所成为可能,而知识仅仅是这个扩建活动中的技能而已。

作为指示性符号的货币,则是人类交换行为的无意识标记,更确切地说,是这个交换行为和那个交换行为的间距及其差异,使得这个交换和那个交换获得意义,为了保存意义想象的场所,就需要第三方或者被称为货币的终极符号,如终极能指和精神分析的大他者概念,帮助我们拦截虚无的狰狞面目,终极符号作为意义的堤坝,拦截无意义,才有意义的诞生。这里出现了两种行为,一种是概念—造型的劳作,一种是使用概念—图式工具的工作,前者叫开创,后者叫生产,没有开创,就没有生产。因此,概念一旦被当作工具使用,就与概念自身关系不大了,概念求实存是概念的自我贬低,但现实感能让我的想象力暂时处于稳定状态。这就是康德最喜欢的例子,一百元钱作为概念,和口袋里的钱,和脑子关于一百块钱的念头没有任何关系,概念最初就是一个断定,通过这个断定活动,开启了结构性元素的交换和分配,语言能指就编织起意义之网——任何编织的第一个动作一定是打结,网破不一定鱼死,鱼因为恐惧而作的挣扎才是永恒的动力。

在这个意义上阿甘本才说概念其实就是命名了(such-calling),

如其所是的就这样称呼吧。[1] 在神话中，人类给诸神命名，来不及思考的，基于最本原的能力，把这个叫朱庇特，那个叫雅典娜，和感性判断中即刻说出好与不好一样，有种贞信与决断的浑然天成。断定即绽出，最初的概念或命名，其积极性（positive）和断定（position）共有一个词根，感觉确定性来源于感觉，而那最初的概念和命名让确定性有了栖居之所。这栖居之所不是概念的内涵，而是概念初萌的样子，从这个样子里生长出图式以及更抽象的逻辑形式（规定性的认知关系形式），因此，哲学家南希认为，神话不是一个世界，神话开启了一个世界。

为何阿伦特在《讲稿》中发现了"判断力"和政治现象的内在联系？如果考虑到她对政治行动所赋予的"开启"意味，那么断定挣脱了时间链条，总是处在开端处，开端即断定，即一种思想的决心，外展是存在的神力。之于康德，超感官想象力作为禀赋，内在于感觉共同体，他才可以将自由从本体界解放出来，在目的论判断中断言："世界的实存就是创造自身的实存。"

开启、创造和虚构—形塑的能力是本原的，如果感性判断活动赋予自身以真理，创造总是会遭遇现实的阻击和否定，即理性个体就会遭遇非确定性的打击。但是开端的栖居之所矗立在意义的边界，在

---

[1] 同样的意思，康德是这样表达的：用于认知活动的概念，不是对象本身。阿甘本则根据中世纪逻辑学发现，"是红色"（being-red）和"被叫作红色"（being-called-red）这两者的区别。Giorgio Agamben, "Example", in *The Coming Community*, trans. Michael Hardt, Minnesota University Press, 1993.

概念内涵的边界处,即阿甘本称为"槛界"(threshold)的地方,在逻辑上既非有意义,亦非无意义。和推演过程的经验性例证直观不同的是,在康德这里,"意义"来自象征层面的可直观的"范例"——相对于认知活动中可直观的概念图式——当然是为了弥补自由理念的不可见性的缺憾,因此想象力通过相似性把不可见的摆放在眼前,比如作为道德象征的这个"美者",而人人都能够进行的趣味判断的产物只能被看作"范例"(exemplary),受阿伦特思想影响颇深的阿甘本认为,范例是"不为任何属性所定义的那种东西",是这一个,同时又是一切。正如阿伦特在政治现象中的观察:人们更多地也是依据范例来进行判断,但是独一无二作为范例,比如拿破仑和波拿巴主义往往被混淆了。不是归类之后范畴里的概念推演让我们获得关于属性的认知,而是说范例的独特性先于推演概念的出现,但不在这个集合之内,它卓尔不群,以绝对的个别性迎奉精神的普遍性,用黑格尔的话说,一个可直观的概念,但其条件是时间终结。但是在艺术活动领域,比如在凡·高那里,黄色的概念可直观,他画出了黄色,而不是说他使用了黄色,他的黄色是所有黄色的范例。和科学的事实逻辑不同的是,"与天体的永恒运动及其宇宙的必然性相比,历史难道不是某种偶然的东西吗"?[1] 因而在历史领域,是范例引导着故事和事件言说,如一串串索引延展我们的视界,在感性判断的基础上,行为、故事和事件的排列有其自身的逻辑,让历史的意义得到增殖和扩展。

---

[1] 洛维特:《世界历史与救赎历史》,李秋零、田薇译,商务印书馆,2016年,265页。

现代性祛魅之后新技术来临，一切仿佛都得重新命名，否则意义的交换就会受阻，一般统称为现代虚无主义。如今，意识的处境如同神话中的先民所遭遇的那样，因为 AI 有其自身的算法，如同先民眼中的自然有其自身的算法一样。在我们共同生活的世界中，当秩序和失序短路，如何以自由为根据，让那些在"我们"之中无言无名的部分得以显现，即阿伦特所说的"显现的自由"。如此这般去行动，如同品味判断一样的共通感能穿越知识的高墙，重返感性确定性的现场，那么迎头碰上的就是这个问题："我们"是在共通体之中还是共通体在"我们"之中？[1] 可见，老康德提示的"如同义务的共通感"只能存在于来临中的共通体，那么作为秩序，作为调节性，作为历史主体性，这些人类迄今为止所使用过的、扩建过的共同体已经失效了，共通的奠基行动和思想的决心就成了当务之急。

---

[1] 让-吕克·南希：《无用的共同体》，郭建玲等译，河南大学出版社，2016 年，298—299 页。南希在政治哲学的脉络中梳理了既有的共同体，它们相继发挥着定秩、调节和历史主体性的功效，但那个在共通感之中隐而不显的"我们"则有待生成，他称之为担负起本体责任的"共通体"，和既有的共同体相区别。

# 附录　世界剧场的执着肯定者

访问者：张雁南　王元胤
受访者：张念

## 一　真理的邻人为何羡慕暴君

提到阿伦特，无疑会提到"平庸之恶"，阿伦特从艾希曼身上引发的判断已成为一桩公案。一方面这个概念确实很容易被误解，至少阿伦特在刚开始使用它时并没有想清楚。但同时，审判艾希曼事件可以说激发了阿伦特后来的写作，从"无思维的平庸"到"恶的平庸"是她后来的一条写作脉络。您的书也从是"恶的平庸性"开始讲起的。另一方面，2011年有德国学者结合新的史料，尤其是艾希曼藏匿在智利期间的采访和文字，写了一本《耶路撒冷之前的艾希曼》，它相当程度地终结了此前"平庸之恶"的争论。也就是说，事实上艾希曼是狂热的纳粹，他对自己的行为是有充分认识的，而不只是服从。他在庭审时狡猾地隐藏了自己的面目，辩称自己是纳粹机器上的"小齿轮"。在被捕之前他还预判过自己的刑期,想着早点服刑结束和家人团聚。在这里,阿伦特确实被艾希曼骗了,这个人确实比她看到的更邪恶。但是,阿伦特想强调的是:他有足够的智力去计算和规划,但这并不等于思维(伯恩斯坦:《暴力思无所限》)。从阿伦特对思维的讨论来看,我们现在仍不能说她的判断是错的。您怎么看待今天理解"恶的平庸性"的必要?

**张念**:"恶的平庸性"不是概念,仅仅是个说法,这个说法出现在艾希曼审判报道的最后,后来做了副标题,引起轩然大波。在犹太民族沉重的剧痛氛围里,阿伦特固执地坚持"作恶"和"不法"的区别,"平庸"的定性似乎有敷衍之嫌,公众情绪反应激烈,阿伦特甚至还遭受了恐怖袭击的威胁。这一切她是有心理准备的。报告之前,《反犹主义》(《极权主义的起源》一书的一部分,1951)和《人的境况》(1958)已经出版。

其实,真正恐怖的是"小齿轮""螺丝钉"之类的辩词:机器碎裂一地,"小齿轮"们又恢复了人的形状,隐没在人群之中。当人作为类存在,面对物化的存在,面对自然风暴的吞噬与席卷,连还击的理由都找不到。阿伦特执迷的论点在于,只有把对方当人看待,无论宽恕、偿还还是救赎,才有真切的着力点。面对自然风暴,人才可以说,我没有办法;而共同参与和制造政治灾难,在之前、之中和之后,都没有理由这样说。作为一个对切身性和世界性高度敏感的女哲学家,她没有把自己摆放在对象距离之外的理智位置,这和她的现象学研习背景有关——即事情如何缘起，不是为何如此。

宗教和伦理关系到善恶问题，"大写的善"指全知全能，恶是善的匮乏缺失，所以恶没有什么性质。恶就是恶，康德把恶看作先天的人性，提出"根本恶"的概念。阿伦特的说法可能出自对康德的阅读以及误读，因为"根本"（radical）和"平庸"并不构成对立关系，后者是经验性的。在宗教落下帷幕后，善恶问题归属于道德哲学。康德认为道德意识和道德实践是不可交流的。从20世纪的经验来看，先验的道德公理在经验世界中的限定或应用，转变成经由意识形态煽动的"美丽新世界"或"纯净亚利安世界"，都以"善"的面目制造了人间灾难。"平庸恶"不可审判但并不意味着"人人有罪"的集体豁免，"集体犯罪"或"系统性犯罪"的法庭上站着的那个"个人"，阿伦特认为可以宽恕，但绝对不是对罪行的宽恕。恶没有属性，但实存着，这是真正的难题。

关于伦理性的善恶，后来有更多的哲学家比如受阿伦特影响很深的阿甘本，思考得更加深入，他试图冲破"大屠杀"不可理解的学术魔障，通过对罗马法的研究，提出"例外""牲人"等概念。但阿伦特所处的语境，就像你说的，引发了她后来的问题取向——尤其诗人奥登和布莱希特对她的影响，始终围绕着这个主题：在主权框架之下，针对重大的政治犯罪，制裁如何不可能。

只要稍微回顾一下二战后，美国基于民主信念，在全球展开的一系列制裁行动所产生的"霸权"悖论，比如冷战、韩战、越战甚至包括北约参与的科索沃战争，到今天的阿富汗撤军。那么，在911恐袭

20周年之际，不管你拿起哪条线索——意识形态、历史、宗教、种族、现代性等，你会发现这不是正义天平的问题，而是筹码越来越令人晕眩。这是文明的黑洞，尤其对神话、命运、悲剧等力量极其陌生的现代人来说，作为政治公案的"艾希曼审判"会一直伴随着我们。

我特别想补充的是知识观念和"世界性"的辩证问题，我认为这也是阿伦特的思考和写作活动一以贯之的方法论。艾希曼是不是"平庸"，或者艾希曼是否无脑浅薄，这和灾难的爆发没有因果关系。用阿伦特的话说，"无思"（thoughtlessness）是恐怖灾难的结构性元素，所以她才说纳粹灾难是"结晶体"。再者，阻止政治灾难，阻止种族清洗，阻止暴力迫害等，对阻止的阻止是发动战争吗？这可罗织无限的关联性，都不是知识的逻辑回望能够一一囊括的。因此，这不是问题的关键。当我们头脑运作的时候，把对象从世界背景中切割出来，即实验科学的做法，习惯性地吸取三个元素：这是什么？为什么？怎么办？对应的就是名词、形容词和动词，前两个就是指称和定性；至于动词，好像没有什么确凿的内容，行动尤其政治行动是不及物的。暂且把"认识"问题悬隔起来，体会当前最真切的感受是什么。

有一点至少是明确的，即"banality"如今成了一股强大的人人都浸淫其中的势力（force）。我们正处在平庸轻浅的世界，厌恶并拒绝追根究底、深刻、晦涩、阻碍和不确定性，也就是说越来越胆小和保守。

先不说我在书里所分析的建制性现代世界里的"技艺人"，就非常具体的日常感受而言，智能终端让所有的头颅都低下来，更方便、更迅捷、更顺滑。我们害怕停顿和阻碍，一份外卖快递晚了几分钟就火冒三丈。思考就是要停下来，思考状态取代你忙这忙那，取代你盯着手机屏幕的状态，因为思考状态是仅凭你自身的内部启动。现在，引擎变成了你的"掌中宝"，不打开手机和电脑，人脑好像就处于瘫痪状态。就是说，人越来越害怕被出其不意的事物绊住，因为程序设计最害怕的就是出错，"同意"键和"确认"键在替你斟酌和判断。这是在模仿国家契约论吗？"天人合一"跟"人机合一"有什么区别？手指在光滑灵敏的屏幕上滑动，产生一种轻巧而轻浮的控制感和存在感，而"数字极权"正在引发学术界的讨论。

据朱迪斯·阿德勒（Judith Adler）的分析，艾希曼的写作，投射着阿伦特对海德格尔矛盾的情感。但我们也知道，阿伦特在耶路撒冷的庭审现场并不是很认真，是事后补读了大量庭审材料。她看到艾希曼和想象中的恶魔完全不同，一下子觉得荒唐可笑，庭审跑得也不勤了。这里面有一种智识上的傲慢，她肯定是力压艾希曼的。不管当时还是现在的读者，可能一开始读阿伦特都有种直接的感受，就是写作风格非常"傲慢"、坚定、不容辩驳，想和她吵架但感觉自己又吵不过她。阿伦特想强调恶的平庸性，但标题的处理使读者直接联想到"艾希曼的恶是平庸的"。对此，阿伦特却说：思想之间的关系几乎不能以任何其他的方式呈现出来，作为剖析的产物，思想的本性就是夸大其词。您是怎么看阿伦特的风格和她的写作的？阿伦特的写作，是否和您之前在讲座里提到的"真理的邻人为何都羡慕'暴君'"

有关？这一问题提出的依据是什么？我们该如何去思考这个问题？

**张念**："艾希曼风波"的诸多细节，在阿伦特的传记里有记录。一个简单的动机是，她自告奋勇从《纽约客》编辑部那里争取来了报道机会，说是要去亲眼看看"恶魔"。尤其是，她在审判现场几乎不可控的情绪起伏和焦虑，这在她与丈夫布吕歇尔的通信中也有记录。智力上的藐视也可能是基于恐惧的自卫，这和郑念回忆中的她在面对折辱时的心理机制类似。但我比较赞同麦卡锡对朋友的评价，她说，"报道"是阿伦特写给自己的安魂曲。这一点很重要，要是哭天抢地诉悲惨，除了博得同情还有什么呢？阿伦特认为同情让人丧失行动能力，这个观点是从尼采那里来的——一个软弱之人交换另一个软弱之人。在同情之中，人除了为自己的怜悯或自怜找到一个投射对象，还有什么呢？有力量回敬灾难吗？创痛是生命的好导师吗？力量的源泉从哪里来？

你提到她早年和老师海德格尔的恋情，当然这也是创伤的一部分，她的执拗和勇敢在于，无论作为民族创痛的承受者，还是私人际遇的受伤者，她都直接迎向创痛，存在和此在相向而行，从不蓄意躲避或假装若无其事。你看，无论现象学思想和方法，她都是一个践行者。关于她和海德格尔的后续篇，可以参见他们一生的通信集。这部通信集还有一个信息值得留意：海德格尔的信件在阿伦特那里得到很好的保存，反之则很多遗失不见。

至于风格问题，我在本书的前言里提过，也许我们可以换一个角度来看:如何成为阿伦特的读者？一般读者拿起学术思想书籍,会期待清晰、系统、连贯,最主要的是预期一个确凿的结论和可靠的答案。其实这是科学意识内化的结果,就是说我期望找到公式和规律,可以应用于向我迎面走来的世界或者具体问题。如果你带着这些刻板的阅读诉求进入阿伦特的思想世界,你会彻底失望。不是阿伦特让你失望,而是不自觉的、懒惰的实用主义意图让你失望。当然,读者有权利提出武断或"夸大其词"的意见,但最好不要止步于"难读""晦涩"之类的印象,而是要找出"晦涩"之处可能恰恰集聚着的、有待进一步考察的真问题。

科学意识没有自身的反思能力,你拿着应对或建构物理世界的那一套来框定人间事务,即用空间取代时间,相应地就会错过一个状态和另一状态之间的变化过程。尤其是政治生活和政治现象,不像力学公式一样,结论会伴随着过程发生改变,进而解决方案也会发生改变,这个过程阿伦特称之为"思想战斗"的练习过程,"思"(thinking)总是正在进行时。这就好像我们古人造园,不是全部拆掉,在废墟上将二维蓝图造成三维物理建筑,而是拆、造、改、护、补、修同时进行;不是结果和目的主导,而是生命世界和物理世界交错渗透。

我的视频讲座《讲述生命的故事》里提到的"真理邻人"是阿伦特在海德格尔八十寿辰的祝词里的说法。哲学家是靠近真理的人,但只要是人,无论科学家还是哲学家,都栖居在生活世界中。如果不是古希腊意义上伦理实体的"在家"感,尤其哲学家,就会把真理的园地建造在"城邦"之外(见本书第二章),为了理论的纯粹性即哲学意义上的公理普遍性而牺牲掉意识、知觉和直观等能力。德里达干脆称之为"形而上的暴力"。当然，不管是形上必然性还是存在论的根据，都可以在理智层面获得贯通的一致性和确定性。但是确知、确定和确信毕竟是不同层面的事物，更何况就历史而言，末世论、救赎论、世界历史等观念一直处在纷争之中。

你提到的"权力"和"暴力"问题，阿伦特在《论暴力》这篇文章中，的确存在论证的模糊和混乱，有时涉及现象，有时涉及心理机制，有时又说暴力是政治的工具，同时又是政治失败的产物，因为"暴力"不可局限于现代意义上的军事行动和司法惩戒。但政治家比如尼克松就说，没有暴力的正义是软弱的，甚至英国人发明了"正义战争"的概念。尤其到了现代社会，在主权框架之内和之外，我们如何在干涉内政和正义行为之间做出区分？面对在主权之内发生的野蛮迫害和残暴行为，妥协的做法是零星的"人道救助"。这里的难题又牵涉到本雅明所做的一个区分——在合法性暴力和非法性暴力之外，还有"神性暴力"，或天使力量。天使是非人的，天使不会有什么同情心、恐惧或"伤及无辜"之类。但我们为什么以为天使会做正义的事情呢？阿伦特和她的好朋友本雅明不同，她和斯宾诺莎比较接近，相信人聚集在一起的力量就是"权力"，并自发协作而又不至于相互碾压。有一点是清楚的，她说苏联的坦克和游行集会的捷克人民的对峙，就是"暴力"和"权力"的对峙。可见，如何区分二者，尤其要细心留意"处境"问题，这关系到政治判断。

## 二 自由意志和行动自由

在《精神生活·意志》中，阿伦特强调一种作为行动的动力的意志，她引述康德对意志的看法，即"自发地开始一系列连续事情或状态的力量"的意志。阿伦特那里的意志和"我愿(I-will)"的冲动，是否与无政府主义所说的"自发性"概念有关？二者异同为何？您在书里提到，"就政治领域而言，意志和判断是最为紧要的精神因素"。阿伦特会如何评价今年发生的一系列民间自组织行动？

**张念：**作为19世纪的思潮和革命运动，无政府主义也被称作自由意志主义，反对一切外在的强制力，后来又有各种演化和变形，包括今天我们熟悉的绿色和平运动。从康德的角度看，这是一个自律和他律的问题。自由的道德主体采纳自律原则，即理智优先性。但形式化的、绝对无条件的法则不关心内容，这也就是为什么"无政府主义"运动可以包含各种不同的现象。由此，阿伦特和无政府主义者在政治领域的不同在于，她特别警惕"自发性的深渊"，堕入自然必然性之中。再者，政治行动是在主体之间发生的，这就是她说的"公共性"和"世界性"。这一点她可能受康德影响，但她对政治行动的原则问题采取了更宽泛的立场。

你提到的"冲动"里包含着偏好和任性，冲动会触发行动，但后坐力匮乏。保罗·利科认为意志现象包含以下三个元素:(1)去选择,即做出决定;(2)去努力,即行动;(3)去同意,采纳必然性。关于(3),回想一下前面提到的当你选择使用一个手机应用时,同意和确认必然产生,但与必然相对的自由疑难马上就出现了。在(1)和(2)之间,即我愿,要么我能,要么不能,但你不能同时进行这两项活动,实际上是没有选择的。柏格森是对的,这是意识延展和时间的问题,"做决定"的意思是要么做,要么不做,意志就成了绝对绵延中的"政变"。我能或我不能,我做或我不做,不做也是一种行为,沉默也是一种言说。

我们回到阿伦特关心的语境,比如有种意识形态鼓吹美好愿景,并组织起一场又一场运动,你是参与还是不参与?人人都求好,即我愿;但是,我能还是不能,这不是选项问题,还需增补一个活动,即下判断。存在主义的做法就是合并我愿和我能这两项,行动具有优先性,或者选择—行动—自由处在同一个逻辑层面,不管正向行动还是逆向行动。而尼采则抹除意愿,保留强力,或称强力意志(will to power),但强力意志很有可能外泄并施加于他人,就跑到心理或精神范围之外了。

我们这里谈的是意志,千万不要和意愿的对象、目的以及价值问题混淆。《精神生活·意志》梳理了哲学家们对意志的看法,一个共同点是人只要观察自己就会发现"本真自我"的自明性,即意愿着的我、活着的我。阿伦特补充的是政治自由里的判断活动,由此区别于"自由意志"传统下的哲学自由。下判断,不是运用别人的判断,如知识活动中所做的那样,也不是理智判断,不是智识主体单独凭借推演、归纳、反思就能完成的;这需要在人群之中和他人一起(不是说听从他人)同时做出判断。

这样一来,也许可以回应一下你的问题——阿伦特会怎么评价自组织行动。尤其当自然灾害发生,无目的、无对象、无意义地对普遍的人类生命和活动造成摧毁性打击,这是自然的威力。仅凭自身力量的"自发性深渊"里没有他人、"伙伴"的共在,而自组织首先是人们联合起来的道德力量对自然的回敬,该做点什么,并缓解恐惧。这类自组织不是谁邀请谁,谁命令谁,谁强迫谁,谁煽动谁,而是人们不约而同地在同样的时刻做出的判断或反应。一个共同行动开启了,必然会引发另外的行动,而伴随着行动过程,没有选择,必须如此,就是说直觉判断不会消失,而阿伦特说的政治自由或政治行动亦如此。

在《意志》一开始,阿伦特就提醒我们由意志决定的行为的偶然性极大,因为"我知道我可以做也可以不做",这似乎很符合我们一般对"自由意志"的理解,也就是我有选择做或不做的自由。"选择"也是意愿的表达,然而,当选项都不是我想要的时,就会产生一种被剥夺的不快感,选择的自由并不令人感到自由。那么,在阿伦特看来,自由意志究竟意味着什么?自由又如何可能?

**张念**:"选项"是派生物,和上面说的"意志"没有联系,更何况"选项"是从外部递过来的,和"自主""自足""内在性"完全两回事。如果不援引基督教传统，就把"自由意志"还原为意识（这是20世纪之后现象学的重要贡献），并与当代脑科学和认知科学共同努力，把属于生命的交还给生命。在现象界，把自由交还给先于本质主义的实存，阿伦特的回答是政治活动或政治生活。"自由如何可能"，这是康德式的提问，当然很多著名的理论家比如罗尔斯就以康德的方法论，为政治生活制定预推原则、前提和规范。阿伦特和这些政治理论家不同，她要处理政治现象的"偶然性"问题。我们总在遭遇"偶然性"，偶然触发的必然性加深了迷茫和无力感。阿伦特的"自由观"指言说和行动的自由，这里的自由不是康德的理念，也不是历史主义的目的论，比如"为了自由"这样的表述，而是和此时此刻的当下性紧密相关。思维、意志和判断尽管是精神生活的三大主题，但她把理论化的主题处理成同时进行的活动，即活动的自由，比如除了物理伤害，没有什么力量可以阻止你进行思维活动。对自由的认知可以从"自由意志"的根据来，但意志总是自由的，这一点是自明的，用她的好朋友、诗人奥登的话说：生命是一束肯定的小火苗。如果意志本身就是判断，那么卢梭就是对的——人被宣判为是自由的，但无往不在枷锁之中。因此人可以在无止境的思维与判断中解除一个枷锁接着又面对下一个枷锁，在此，我们已然在自由之中。行动层面可以表述为"yes is more"，自己命令自己必须这么干；在思维层面可以表述为"no is more"，否定性的思可以帮助我们避免错误和避免遗漏更复杂的事物。而一代又一代人，肯定的火苗不会熄灭。

在身体、行动和记忆的问题上，阿伦特强调，不是在身体性感知的过程性中的美，而是在对感知的回忆和再现中体会到的美，即经由事件与刺激记忆点重新体会到的美才是美。

然而，如果判断总是滞后的、回溯性的，那我们该依凭什么行动？行动和判断有可能兼容吗？此外，当我们参与公共讨论时，该如何去解开这样的疑问："你又不在场/你又不是 TA，你怎么知道就是如此？"

**张念**：值得注意的是"记忆"总是在当下召唤出来，在过去与未来之间的当下，或者我常说的当代之当代性。你说的没错，理智判断总是滞后，即通过回想，运用给定的材料和前人的结论，是运用判断的产物，所以阿伦特晚年以"品味判断"为卯榫，来思考当下性、共通性和公共性问题。品味判断就是即刻判断。比如针对食物，是味觉在判断，信息传递给大脑神经系统这个信息处理中心，直接性和当下性这一点很重要。而这个活动本身即吃的行为跃出了生理范围，有普遍的感知性质，康德称之为知觉的强度。现在不是针对食物对象做判断，而是说愉快和不愉快的判断针对我们自身，由此尼采才说，美的判断是人针对自身的最高肯定。

在精神活动过程中，我们的身体可以纹丝不动，而身体活动的时候思维就被打断了。但阿伦特喜欢的哲学家梅洛-庞蒂告诉我们，身体是知觉的中心，我在感知就是我在判断。而对于感知活动里杂多的漂浮的感觉，我们不可以用大分子的概念即主观性就给打发了。

我感知我判断其实还有参照物,那就是语境(context)和处境(situation),就是说淬炼属于自己的感应装置,静态确定和动态感觉交错,交错的产物就是"故事"。知觉官能的瘫痪就是麻木——你能看见你的手但感觉不到手的存在。目前流行的"躺平",是用一种无力感去置换另一种无力感,以此缓解症状,但共通的感觉还是"绝望"。

阿伦特说"言说—行动"才是故事的主角,由此区别于科学意义上的事实(fact)或因素(factor)。行动触发的那一刻,并非经由因果链条的传送力,驱力就是我上面说的"知觉的强度",因果链条越长,言说—行动能力就越弱。"行动的脆弱性"是指任何行动本身没有办法重复,也是不可逆的,因为时间—心理是纯粹绵延变化的。因此,政治行动必须有参与者和旁观者才是完整的,正因为行动不可逆,其后果也根本无法挽回,那就必须尊崇一条公理——公开性,旁观者会在胜利性的灾难和失败性的创痛里汲取生命的力量。如何讲述我们的故事,应该成为政治生活的一部分。

我们一般所说的公共讨论,是现代意义上的行政管理或社会事务性讨论,有个规范程序:议题主张,达成一致,形成规则,在有限的范围里解决某个具体问题。其中一个重要前提是禁止捏造事实,谎言机器在众人之中是没办法运作的。但对于事实的感知度,因人而异,一个事物总牵连到另一个事物,所以需要一而再再而三的讨论,比如议会辩论。

公共辩论里的事实指认,可以交叉比对,如法庭的交叉询问,但和法的惩戒诉求不同,公共辩论不一定要达成结论一致,而是通过公共辩论共同体一起感受爱与恨的强度,尤其是对痛苦的感受力,驱迫我们去做出改变。

## 三 范例、行动和世界剧场

阿伦特强调范例(exemplary)对于想象力和判断力的重要性。作为一个特殊的典范,它"不为任何属性所定义",同时又能承接起特殊与普遍,为行动提供可直观的图式样态(schematic shape)。在范例的意义上,我们才可能理解阿伦特所说的"城邦""希腊"的用意。尽管如此,一落到行动,我们可能又踟蹰了:将西方古典时期甚至神话传说中的范例,与当下的言说和行动联系起来,似乎它们之间的距离还是太遥远了,以至于我们会认为以此为范例展开行动太过于理想主义,太脱离情境,简直不可能。另外,范例的有效性是否关乎中西方文化差异、种族差异、性差异?范例的"中国化"何以可能?

**张念**:"范例"和科学理性中的理型—形式—概念图式不同的是,政治生活里如何讲述我们—共通体的故事,"范例"起了导入作用,也即"范例"开启了想象。如同行动,根本而言不是达成目标。政治活动不同于商业经济活动,后者的目标是可计量的数字表征。我们往往把有效性和目的混淆了。行动只是开启了一个世界。想象可以再生,范例不可重复,也不可模仿。如果说为了某个圣洁而高尚的目标去行动,这是纳粹的宣传套路。

"范例"作用于想象,不是说我们今天的政治生活要以"城邦"为模板,模板就是用来生产复制品嘛。如果把范例当成模板,那我们就会给模板编号分类,比如东方/西方,这样的分类在文化领域也许更合适。任何文化类型都有一套自我辩护的话语系统,而"范例"总是在情景中。当某个公开活动被取消或受阻的时候,你可能会想到阻力来自哪里,阻力有什么属性,阻力的动机是什么,前提是我们会自然而然地认定公开活动具有不证自明的正当性。城邦范例是在这样的情境中,需强调的是"城邦范例"的尺度是在身体感知范围之内。普罗泰戈拉说"人是万物的尺度",后来被误解为相对于宇宙论的人性中心论,其实不是。他说的是城邦是以身体行动的自由为尺度,是可以自由行走在神庙、剧场、集市(古希腊的民主广场)和家之间,是那个"我能"自由活动的尺度。

你提到的范例和图式(schema)有个共同点,即直观,但区别在于范例直观是在象征意义上的,如正义是没有对象的概念,比如没有谁会说 GDP 全球第一就是正义的,但通过象征性人物和事件可以看见"正义",但某人或某事物不是正义本身;后者是源自几何学上的科学概念,有明确对象,也是通过想象力构造出来的,比如三角形定义,通过辅助线的图式可以直观。范例同时也提示想象力必须在场,并通过行动,为"正义"造型,让"正义"显现,并且可感可见。

万物生长得以显现,所以公开之"公开性"指所有生命,植物、动物、人在世界之中显现并获得存在感。在这个意义上，阿伦特才说"私人幸福"没有显示度，对你重要的事情可能对别人无足轻重。而你们年轻人更为熟悉的基于个体差异而产生的外显的性别、种族、年纪、族群区别所导致的对抗，如媒体用语"政治正确"，难道不是城邦范例对生命存在感的肯定吗？关键词是"对抗"，通过对抗，你的身体感知了直接捕获到的强制压力，而政治生活的语法就是通过说出"no"，一个"yes"就在众人、在世界之中显现了。

您的书里谈到政治活动的"剧场性"，追溯到亚里士多德诗学意义上的"行动"对应着古希腊词"表演"。在当代理论中，perform 和 performance 有非常丰富的伦理和政治意涵。可否请您再展开说说"表演"和阿伦特思想之间的联系？在这个词的中文用法上您是怎么考量的？

**张念**：嗯，说的行为反映思想，做的行为反映施动性。亚里士多德的诗学提出"戏剧是对行动的模仿"，人物（character，逻辑上有"特性"的意思，是意志的造物）背后受性质支撑，而性质（perform），显现为激情（pathos），即把潜在能力实现出来。海德格尔说的是真理显隐，遮蔽和去蔽。我愿意把 perform 译成"演习"。演练和演习相比，施动性较弱，比如军事演练和军事演习，后者的场景和空间与真正军事行动的空间高度重合。演与习是力量的宣示，但又不同于真实的直接的暴力性摧毁，即实际的军事行动。为什么我们常说在政治行动失败的地方，战争就启动了，因为力量性的宣示要么被彻底扫除，要么就是力量失衡了。

必须在政治本原处重思困难重重的世界，阿伦特根据亚里士多德发挥为：我们不是模仿某个属性—人物，而是模仿行动。而行动—施为(agent)通过词源转换，"主动性"这个意思是后来演化的。希腊剧场空间里的perform，语态是中性的，介乎主动和被动之间，强调的是愉悦自身。法国人动不动就在游行示威。有一年夏天，我在法国，走着走着，总会撞上游行示威。各行各业的人，包括警察，热衷于各种罢工抗议的显现活动。游行队伍前锋载歌载舞，我还以为他们在过狂欢节。

通过说，思想显现；通过做，激情显现。因此，是言说和行动共同构成了剧场之剧场性，阿伦特描述为人人都是世界—剧场的表演者，在论及犹太问题的章节中我有过详细论证。对于古希腊人，剧场就是城邦(polis)的拓扑空间。为什么要有城邦？为什么要有政治？就是因为必须得有这样一个生生不息的场所，生成并安置世世代代的所言所行，因为任何世代的述行都是稍纵即逝的，如果我们期望讲述好自己的故事，首先就要有这个滋养性的场所。

如今的公共领域，言说（说话）大量膨胀。阿伦特关于政治生活中言说与行动的讨论，有一处比较模糊。在《人的境况》中，她提到言说与行动是同时且同等重要的，思维是次要的，但是她没有明确区分言说和行动。比如她提到，有时找到恰当的言辞来言说，这本身就是行动。她也经常强调公共领域中言说、争论、说服的这一过程，那么，这是不是和自由主义或议会民主主张的"说理""协商"没有区别呢？

**张念**：回到当下，言说就是行动，宣示具体立场、思想、服从或反对，行动上表现为执行或不执行、参与或不参与。若非如此，还能有什么行动？难道拿起武器予以对抗？因为对抗行动只能在集体示威演习中实现，"声援"就是行动，不论远近，都是"声援"背后的痛苦（pathos）得到宣示。社交媒介让"话语场"的体量无限庞大，成几何级数增长，在数据流里涌动的是道德海洋。但有个重要变化就是，社交平台的言论从传统话语场剥离出来了，后者是在19世纪以来的议会建制以及媒体产业制度化进程中形成的。政治规范和新闻传播规范的共同法则接受理性的主导，而理性经验性养成是后天系统化公共教育的结果。科学理性的运用能力程度不同，导致精英和大众的分野，其中最具体的能力就是表达和言说的能力。其实我们说的公共辩论的说服能力，就是把自己所相信的通过辩论让对方接受，不是强加于对方身上，比如葛兰西说的意识形态霸权，而是将先验逻辑作为正常心智的先天配备，接受最具说服力的论证或言论。

阿伦特在对康德第三批判的解读中，指出了政治言说和科学逻辑的区别，我在本书第四章也有分析。我们发现，政治活动和科学活动的差异，反而在社交平台的言论洪流以及看起来混沌纷乱的舆情中凸显出来。还记得2016年希拉里和特朗普竞选，前者高度专业化、精英化的团队通过精准数据分析和操作，已经准备开香槟庆祝了,可结果却出乎意料。但四年后,特朗普又败下阵来。政治话语场的状态波动振幅太大了,以独立的时间变量来绘制有关变化的图标可能会出现问题,而"意识的状态"这个最不可控的因素,成了今天政治生活的风向标。

　　如果不在理性范畴的界限之内,我们还能思考、还能进行政治活动吗?有没有另外的方法论?阿伦特关于政治本原的思想就是一个开创性的工作,其背后是越来越迷乱的世界经验正在与20世纪哲学思想正面相遇。另外,在理论上尤其时间问题以及人们习以为常的感知方式都得和经典政治经济学做个了结,尽管国家层面的治理活动还处在这个界限之内。

　　大多数评论者和你有同感,一个就是言说和行动的界定不清楚,另一个就是,如果夸大言说,哪有那么多可说的?换个角度来看,首先,言说和行动既不是界定性也不是分析性的,其对应的一个是希腊词 *logos*,另一个是拉丁词 *vita activa*,其实是描述性的,描述政治现象的本原。用阿伦特的话说,把政治带给世界,而不是把世界彻底推向政治,如极权现象,这两种方式足以构成对立关系。而议会辩论里的"说理"和"协商"是在国家治理层面的议题和议程规范之中,其效用指向的是国家理性的实践与实现,和新技术兴起的社交平台言论场不太一样。这是一个更值得观察和研究的课题。

　　阿伦特在谈论古希腊剧场的时候,分析了 per-sona 这个希腊词,即通过面具的个人嗓音被人听见,那么议会议员的面具和互联网 IP(如身份证号码的独一性)用户的面具有什么区别?后者是在 IP 面具之下的用户(user),没有本质属性,仅仅是平台使用者的一个通称。肉身的他是谁? 因为他并不现身,而是由各种复杂的情景来决定,这就搅乱了理性世界关于位置和位置关系的秩序化、空间化的认知习惯,"说理"的前提也就丧失了。

## 四　害怕着自己的害怕

阿伦特在美国时属于无法被政治光谱归类的作者,比如她对犹太身份的认同,同时又对犹太问题极其苛刻较真。美国的校园运动曾令她振奋,但在文章中她又批评学生运动走向暴力。往往是左派认为她保守,右派又认为她激进。但有一点我觉得很明确,阿伦特是公民共和的坚定信奉者。在这一点上,阿伦特在今天是否已经过时?

**张念**:嗯,这个问题有意思。在一般的争论中,当民主出现问题的时候共和制仿佛成了补救措施。在阿伦特的政治思想中,政治现象、政治生活和政治行动的理论根基在于时间—意识的纯粹绵延—变化,这反映在她对20世纪60年代学生运动的矛盾态度中。她反对为了"政治正确"而放低大学教育的录取门槛,这是共和主义者才有的态度。另一方面,学生们把校园冲击得满地狼藉,教室空荡荡的,老师们聚在一起,提议让警察把带头闹事的学生抓走,阿伦特一言不发在旁边抽烟,同事问她的意见,她说不能找警察,学生不是罪犯。还有一个小故事,好朋友的孩子跑到巴黎去参加学生运动,她担心那孩子没钱花,还偷偷寄钱到巴黎,她说要吃饱饭才有力气行动。

犹太身份问题更是如此。因为 identity 是一个语言哲学术语,不允许有表意上的 bug,直接影响了后来的计算机编程语言。但生命不可以化约为一个简单的陈述句,比如:亚里士多德出生、思考、死亡。她坚持具体原则而不是抽象原则,即公民不服从原则相对于破坏教学秩序,具有优先性。因为秩序也是公民服从即众人通过理性克制来实现的。她要重论"思维"和"意志"这两个传统议题——思维主体和意志主体相互成就,构成公民人格对自身的认同,也即服从/不服从的辩证。

我没有思考过阿伦特是否过时的问题,你的提问其实已经回答了自己的问题,她无法归类于任何意识形态和政治立场,她的思考及其判断—行动伴随着鲜活的政治生命—现象,何来过时之说?如果有什么过时的事物,那一定是叫作"知识分子"的这个物种。

在实际生活中,人们并非真的"无思",也不可避免地做出各种判断。更多的是我们习惯了藏身于某一思想范式或意识形态之中去演绎和依附,尽量避免阿伦特说的让"思维打断所有的日常生活"。正如康德说"敢公开地动用理性,谓之成年",这种面对公共的畏缩,部分原因正来自阿伦特信奉的"行动的不确定性"。就像阿伦特在1970 年最后一次接受电视访谈时提到的,人们害怕着"自己的害怕"(they are afraid to be afraid)。结合您的阅读经验,能否具体谈谈借助阿伦特我们如何重获勇气？

**张念**：是的。勇气其实就在每个人身上，不是谁赋予的，但需要被唤醒。正因为勇气是深层自我和径直向外展示、行动出来的驱动力（drive）。我们所害怕的那个害怕就是最深处的 ego，我们的视线被设置为朝外投射，正因如此，我们需要他者的存在，需要经由他者的自由来折射我的自由。从"我的概念"到"我的意识"，就是对恐惧的克服。康德的"公开运用"其实就是对他者的邀约，比如极权主义就没这个意识，极权的结构没有内/外回路，没有空间—时间的回路，极权主义没有回撤行为，如同边沁圆形监狱里的中心视线塔，能观察到外部的一举一动，却看不到自己，只能接受到外部反应，而所有外部反应都被归摄为针对自己的敌意和攻击。就是说，其看在眼里的任何行动恰恰太有确定性，自行构成一个事件链条——动机、煽动、谋反、颠覆等等。所以，阿甘本就认为纳粹极权政体覆灭了，但极权形式和结构内在于每个个体，通俗的表达就是你刚才说的"我害怕着我的害怕"。

这不是谁赋予谁勇气的问题，我们要把这个问题抛给自己。权力的真实面目就是哪里有反抗哪里就会有压迫，一个害怕压迫着另一个害怕，尤其当个体无论主动还是被迫地把自己放置在孤立隔绝的状态中时。康德在他的名篇《何谓启蒙》里说的理智的"公开运用"，从语境来看，其目的不是说让别人来接受你的立场和观点。"公开性"跟职业化和专业化的知识技术运用、交流完全不同，因为专业化尤其应用专业没有什么好辩论的，所谓的交流也是一般专业技术领域前沿成果的展示与分享。而理智的"公开运用"是一种观点和意见的连锁反应场，一个意见引发另一个意见——这明显和议会辩论的治理效用不同，一个立场导出另一个立场。尤其当一个"反对"出现时，针对一个判断做出判断的时候，我们会说否定性首先是一种自我教育，防止谬误和出错。再者，否定性表达一定比肯定表达的外延更宽广。但前提是在人群之中，在他人面前，他人也在你面前，在公民伙伴之间，并非你一个人孤身置于你自己想象的害怕和危险之中。仅这一点就表明纷争（polemos）恰恰带来了动态平衡和稳定感，而所谓的确定性一定不是指科学实验及其核验意义上的唯一正确的结果。在这个意义上，人们对阿伦特"言说"（logos）的指责是基于太依赖确定感的现代经验了。据海德格尔的解析，希腊文原意是你说、我说、他说，并恳求审议和回应。说、对说、群说，这一来回抛掷的鲜活过程，让被遮蔽的真理显现。这里是说"真理"（alithia），而不是微观的具体的议会治理议题。

## 五　"小确幸"里的"无产阶级化"

阿伦特曾说"有爱欲（eros）的人才可能思维"，她还说，"显现的欲望是一切有机体都有的活的欲望"。这是否意味着可以将阿伦特的思维活动与精神分析里的欲望联系起来理解？当今人们所处的无思/思想中心的悖论局面,是否和资本主义后期欲望的普遍匮乏(食草族、佛系、小确幸、性冷淡风),以及斯蒂格勒所说的"无产阶级化"有关?

**张念:** 斯蒂格勒指出自动化社会的系统性愚蠢导致人的精神—心理的"无产阶级化",因为一般的通用智力转移到了机器身上,人无须思考判断。在国民经济学大宗师亚当·斯密那里,智力是个人资产,而教育是智力增值的投资行为,其实就是康德对先验和经验的区分。最直接的例子是自动驾驶的出现,头脑和身体的简单判断及其反应成了多余的事物。但是,爱欲怎么能做到技术性外化和转移呢?爱欲涉及存在论的虚无问题,情感和激情怎么做到自动化呢?也许娱乐工业和消费主义在致力于这项任务,但完成得怎么样是另外一回事,因为短暂的刺激性反应属于生物学范畴的低维度操作。

资本主义从精神分析来看,就是一台欲望永动机,它不停地制造欲望对象来填补欲望本身的匮乏,如今我们见证了这台机器的衰竭,"草食"也许是和直接欲望照面的症状,是另一种忧惧的应激性反应。还需要补充的是,承纳思维—意志—判断的精神生活的是身体的大地,在这里,爱欲和行动经由身体聚集。不要忘了,阿伦特是梅洛-庞蒂的忠实读者,并一再向海德格尔推荐他的著作。长期以来,头脑和身体分而治之。斯宾诺莎有句名言:灵魂是身体运动的结果,反之,身体也是灵魂运动的结果。尤其在自动化废止一切功用性身体活动的时候,针对"我害怕着我的害怕"——弗洛伊德的术语

uncanny——我们应该更加密切留意身体、激情、伦理、幻觉、爱欲、自我存在感、价值满足感和政治行动之间的内在关联。

阿伦特的"思"(thinking)，令我想到当下对于"学术黑话"的讨论。学术黑话尤其指人文社科黑话，即阿伦特所说的"专业"哲学的特殊对象，比如概念、观念、范畴等思想之物。在关注、参与公共事件的讨论时，我们该如何面对常识(common sense)和专业思维之间似乎不可避免的冲突？

**张念**：概念是精简的精神形式，概念从事着命名、定性、描述、分析、评价、判断等职能，就此而言，所有学术活动就是概念的劳作。阿伦特不满的是，作为专业的哲学遗忘了"世界"，对世界的直接性置之不顾，其实这是哲学专业研究者习以为常的工作特性。在纯粹的概念体系面前，杂乱飘忽的经验是被贬斥的，前者诉诸永恒确定的真理性。严肃的理论工作者不是轻视经验，而是对直接的、变化中的现实充满犹疑，因为直接性无法匹配精细严密的逻辑回望——这是我前面提到的时间问题。通俗地说，头头是道的理论家都是马后炮。

人们的争议并不意味着概念的存在本身是错误的，而是有些从事概念劳作的人因其偏见、固化、狭隘以及理解力短缺，造成了人们对"学术黑话"的厌恶。另一方面，公众因各种原因，尤其是思考的惰性，对追根究底的思维活动有排斥感。当然，这是大脑认知科学告诉我们的——脑充满惰性和误认，脑的始源形态是原始森林，老年和脑痴呆依然是最前沿的医学难题。因此为了安全和舒适,脑基本定居在人云亦云、道听途说和望文生义的日常语言活动中而无法自拔。

阿伦特自己也常常受到过于晦涩的指责,这对于理论家来说是正常现象。纽约客的编辑常常敦促她,通俗点,再通俗点,不要飚希腊文。她反击说,让你们的读者加强学习,而不是让作者降低标准来迎合读者。这不是一个是非问题,这是因为 thinking 活动自身处在绵延—时间—意识变化之中,不是谁迁就谁、谁训导谁的问题。思维自身有它的"阶级斗争",是说与听以及任何写作和阅读活动必须具备的战斗力。

既然你提到了 common sense,就要特别小心啦。这个短语有常识,也有共通感的意思,康德就是在共通感层面思考判断力的公共性问题的。而常识好像天生具备优先性,黑格尔在《精神现象学》著名的序言里说:常识是腐败的根基。我们嘴里的常识是苏格兰学派经验主义的术语,即现在一切的根据都来自过去。或从认知现象来分析,一旦遭遇当下陌异事物造成的迷惑和疑难时,脑会动用记忆的储存机制,拿过去的经验印象来填补因疑惑造成的空缺。有时保守当然是一个社会的稳定器,但这是双刃剑,"腐败的根基"一旦生效,会让我们错失创造和未来。

## 六　阿伦特与我们

面对理论和实践之间、旁观者与行动者之间割裂的现实,不仅行动者、公众对理论感到厌烦,一部分研究者也对自己的工作失去信心。有的人调整自己走向公众,有的人走进田野实践,有的人干脆投入社会活动,有的人则尝试新的言说方式,比如影像、口语式表达等等。尽管如此,我们又深知不可能逃脱概念等思想之物的纠缠。那么,对有志于将理论与实践结合起来的研究者来说,最重要的操练和能力是什么?如果是阿伦特,她会如何回应这些问题?

**张念:**我想纠正一下这个众口一词的理论和实践的二分法。这区分其实来自19世纪以来的实证和实验科学活动。在科学活动中,原理、命题和公式即理论的应用,产生了后来的应用学科。应用学科只需知其然,而不必探究其所以然。一条公式就是一条公式,一个数学概念的定义不必争论,理论科学能做的就是朝向未知而又虚无的领地,创造更精简的公式或概念来替换它。理论的应用叫实践,是为了构造出新的物理或物质形态的事物。在人文或政治领域,如果你把教义当成公式来运用,前提必须是人或者诸生命体都变成物质材料。我们所见证的悲剧就是这样发生的。

不管你在什么界面活动,你都不可能逃脱 thinking 的缠斗。其实何止政治生活,任何区别于物质生产的人类活动——例如今天的数码依然是一堆通信技术和数位语言构成的数码物(台湾地区翻译为数位,更准确,更符合编程逻辑)——都不是在环境条件高度纯化且高度隔离的实验室里进行的,而是在世界之中,在人群之中进行的。在主体之间才有那个活动的场所(topos),而最不具备效用性原则的友爱生活和情爱生活就是最佳的演习场所。在朋友之间、爱人之间练习践行平等个体之间的自由,细心呵护这个"在……之间的场所",领悟这个场所的动感和节律。可触(touchable)克服了理智空间里的距离感,自我更服帖,并淬炼本真自我。也许这就是有关行动勇气和能力(power)的自我期备。

前面提到,言说取代了行动,这也和近年出现的"取消文化(cancel culture)"有一定联系。一些知识分子认为,2017年以来的全球米兔运动正是取消文化的始作俑者,而前者恰恰是为原先不被听见的声音争夺"显现的自由"的。但是,"举报""挂人"对于中国人来说又有着特殊的历史记忆。阿伦特在这方面也是一个特例,她当时对于犹太同胞的批评、对于黑人学生运动的批评都引发了巨大争议,这在今天几乎难以想象,最有可能的就是阿伦特会在今天因为政治不正确被"封杀"(cancel)。总之,这一切都使不愿随大流的意见在当下成为一件不合时宜的事(于是很多人便选择不说)。今天我们究竟该如何开口说话?

**张念**:嗯,文化删除和言论审查不太一样,在共通并且默认的文化政治原则没有生效之前,"政治不正确"的言论责任裁量权在于自我权衡,在这个前提下,"显现的自由"在于当事人对言论风暴的承受能力,尤其在我们的世界,更需要冲进文化场域体验这种"纷争"的威力,当然这需要一些基本的准入"门槛",而不是下作的言辞暴力。米兔的样态得益于社交平台和新技术的"软道德",即人人都能发声并参与其中,形成一种全球性的女性联防,就像我说过的,数据流会自发涌动起道德的海洋。道德意识本身没有可交流性,事情在于非如此不可的自由意志。更进一步说,已然性/别化的身体的身体,使得"女权民兵"的出现意味着新的感性正义正在寻求新的伦理秩序,如果麻木的官能,因为惰性将这一切"妖魔化",以理性的伪装维护陈旧的权利疆土,维护既得的有形或无形的利益,那么就更需要和女性主义深入辩论这个议题:何谓理性、中立以及客观?

针对"批斗创伤",如果没有大规模的历史研究和公开讨论,会在我们的代际延续和家庭教育中畸变成对"纷争"的恐惧,越恐惧就越会丧失言说—行动的能力,更容易受到胁迫和各种利诱,因为愚蠢,所以更加"温顺"。这就说明为什么友爱生活和情爱生活成了人人都可以上手的"纷争"练习。不是去恐惧差异,而是习惯和差异相处,并创制出属于自己的生活方式。朋友爱人之间无需正义,而通过这个微观的平等之人的自由实践,可以塑造一个更宽广的自由之人的平等世界。

阿伦特在 20 世纪学生运动中的刺耳声音,一方面在于她一贯的特立独行的风格,另一方面作为纳粹极权铁蹄下的幸存者,对"众口一词"一定会产生过度反应,从而会遮蔽她对世界变化的精确捕捉,并在一定程度钝化她所坚持的"世界性"原则。有时我们要小心辨认"反对"这种优异的德性,什么状况下是为了反对而反对,什么状况下是属于个人心理的防卫机制。但有一点必须强调:阿伦特的"刺耳"和"决绝"不属于今天我们所说的媒体用语里的"政治不正确"范围,这个范围是资本主义晚期的文化逻辑残渣的过滤池,是受到这个纤细感知系统的雷达侦测所产生的震荡效应。我在书里把阿伦特放在现代性批判这个在思想学术层面很严密的庞大谱系中,甄别她的思想遗产。

在1969年与麦卡锡的通信中,阿伦特略为悲观地说:"有时候,我会觉得学生们只是在机器自我毁灭的巨响中自娱自乐地舞蹈。"阿伦特当然赞成学生的积极行动,但她更担忧的是行动并未创制任何政治原则。她和麦卡锡对嬉皮士或"反文化"运动都相当鄙视——不论这波人和学生的身份是否重叠。在文化上,他们都有"反抗"意义,但在政治领域有何建树则是要打个问号的。看来阿伦特是不太关心"消极抵抗"的,正如今天也有人认为"躺平"不过是自娱自乐。那么,当代青年有可能突破这种主动躺平却毫无成果的困境吗?

**张念**:这可以接续到上一个问题,作为读者和研究者,不可能在一个思想家那里去索要你的"完美"答案。罗马不是一天建成的,某种原则也不是一蹴而就的,阿伦特肯定明白这个道理。用她喜欢引用的卡夫卡的寓言故事来说,在过去和未来这两个"敌人"之间,卡夫卡的主人公一会儿被他们撕扯和挤压,一会儿接受他们的审判,一会儿又跳出战壕静观他们的打斗……针对不同问题一定有不同的答案和解决方案,关键在于我们是否总能置身于言说—行动之中,以及置身于世界之中。

特别微妙的是,关于世界之"世界性",一种来源于现象学方法和原理的政治思想,不可能不对意识和知觉内容高度警觉:意识究竟被什么经验和对象剧烈搅扰?这种警觉一定反应在生活—文化的如蛛丝网交织起来的脉流之中,或者说是多个维度的运动之中。即使从城邦典范的政治拓扑来看,我们现代人所熟悉的那问题成堆的二分法已经不灵了。比如在今天,你已经很难去划分哪里是政治场域哪里是文化场域,哪个是政治哪个不是政治了。但这不是说政治消亡了,政治消亡并不是其界限越来越模糊,而是二百多年的议会政治以及从上而下的国家视角,在资本和互联网的英特纳雄耐尔行为空间里,正在发生着剧烈的冲突,有冲突就有政治。我们不是拿着一个叫"政治"的校对器去框定鲜活的经验,不是说要泛政治化,而是说当人类智力为了生存而达到对物质世界的高度操控时,智力就产生了它的复本——智能。接下来的问题是:生命能够仅仅等同于智力吗?也许"躺平"就是为此在大地上刻下的巨大问号……

2020年,新冠病毒突然将人们物理性地区隔开来,一系列由此加速凸显的改变,以及当下我们与病毒一起活着的生存境况,会进一步加剧人们无思无欲的精神状况吗?您这本书"回到"阿伦特是一种巧合吗?当下阿伦特的政治思想为什么重要?

**张念**:写作几年前就着手准备了,疫情期间完成的。不是"回到"阿伦特,而是处境的焦灼感需要这位思想家的陪伴。同样作为喜欢追根究底的人,她是我的伙伴;同样处在荒谬境况并持有人间灾难记忆的人,她是我的伙伴;同样热爱探究真理和世界的位置关系的人,她是我的伙伴……

另外,从思想和知识生活层面,所谓的保守和激进思想家,他们到底在关切什么,如何能无保留地"说出真话"(truthful),其所思所为是怎样的?当然,持有一套系统性的假设、推理分析,然后得出结论,这是正常的理论工作。但是,作为具体的个人,总是在一个又一个的具体处境中判断、服从、拒绝、配合。比如,当一项你的理智并不认可但你又不得不执行的通知条令摆到你面前的时候,你是保守派还是激进派这一事实仿佛像遥远星球的光,照不进你的生活,也照不进这些细微的瞬间—时刻。比如,你个人具体是什么主义者,在要不要送自己的孩子进花样百出的补习班时,你不能说我是自由主义者,我对教育有一套自己的看法,我的孩子不去补习班。这个辩解首先在自己的家人面前就行不通。人人都这样做,就我不做,是不是显得很不正常?阿伦特就非要把这种"心不在焉"的境况推到极致,大屠杀就在纳粹氛围里变成了无所住心的事情。你的犹太邻居突然消失了，可能前几天你们还在一起聚会，但没有人对此感到诧异，"消失"仅仅来自唯一的理由——他们是犹太人，然后你释然了。

　　前面说到，在极端的政治灾难中，无人可以幸免，也没有无辜者、受害者和施害者的区别，这当然不亚于席卷、吞噬一切的自然灾害。心不在焉的现代技艺人，用现代性批判行话说就是资本主义系统所制造的"单向度的人"，把政治生活做了功能性、区块性划分，即政治生活的职业化，授权某些人代表议政，让专门的政客为利益集团去争吵，平衡利益关系。不宁唯是，就连美国社会在疫情期间出现频率最高的一个词也是"极权"。事实上，民主党是在倡导而不是强制打疫苗，他们就给拜登送了顶"针头纳粹"的帽子。当然，美国人没有极权政体的切身经验，但可以把这个词在他们的词典里转译为国家强制、任意专断、阻碍行动自由等。公共安全、国家理性和科学论断在此期间一下碰撞成了直接的现实性，一起站在了生死攸关的临界点上。科学论断总是保持克制，因为必要的观察和实验室操作需要时间，而紧迫性似乎正在催逼人们导向政治判断，尤其当自然力量和国家行为这两种必然性同时显现的时刻。

　　在这样的时刻，人们肯定会想起这位思想家，在强烈的忧惧之中，重新关照、看护、组织理性力量的各种元素及其相互联系的必然性。人们必须从置身其中的、受各种规定性限制的狭小范围里抬起头来，重新理解政治的本原和真相。

## 七 爱这个世界与同代性

在《朋友之间》中可以看到,《精神生活·思维》(1978)中的重要概念"显现""共通感",实际上早在1954年起麦卡锡与阿伦特的书信往来中就陆续开始讨论了。在评论《黑暗时代的人们》时,麦卡锡非常美好地描述了她在阅读过程中体验到的"同道者的友谊":"新手上路,大家挑着行李同行。"在阿伦特那里,"同伴对于思想者是不可或缺的",但同时,同伴、朋友、友爱在阿伦特那里也极具政治意蕴。在《康德政治哲学讲稿》一开始,她就将同伴问题与人类的"社会性"等同起来,而"社会性"既是判断力的条件,也是政治事务的关键。您之前说过,"选什么样的人做朋友是一个政治问题",如何在阿伦特的思想中理解这句话?

**张念**:是的,伙伴其实是说"同代人"的同代性,不是生理年龄的代际差异,而是共同呼吸着同样政治思想空气的人们,共同置身其中的世界。对于阿伦特的生活世界,具体指以维也纳为地标,中欧地区的犹太知识人团体,他们被《黑暗时代的人们》所记录和讲述。另外,她把康德在其历史哲学论稿里的"社会性"术语——本来含有"野蛮斗争"的正面意义——贯通为同代人之"同代性"。各种风吹草动——阿伦特的用语是"正在发生的事情"——都会激发敏感的心灵予以回应。一种积极的充满各种矛盾冲突的精神活动,恰恰是道德关切和政治关切的重要条件。这种精神活动与隐秘、内在、极端个人化并常常受到文学写作所青睐的经验不同,它迫切需要在朋友之间分享、交流,让率真显现,在直言里过滤固化的偏见和陈词滥调。必须保持谈论的习惯,谈论我们周遭正在发生的事情,随时捕捉、辨认、感受"共通感"的频率,随时在朋友之间练习判断力,不要等大难临头而束手待毙。

让阿伦特最痛心的例子就是中国读者非常熟悉的犹太作家斯蒂芬·茨威格,他一直自认为是"欧洲公民",名流的光环并没有成为保护他的铠甲,反而成了他和世界之间来来往往、保持呼吸循环和判断活动的屏障。

友爱生活里的"世界性",还不是狭义上的"同道",因为"同道"是一种主观的事先确认,基于各种不可控的、变化着的条件,我们目睹了太多"同道"分道扬镳。"挑着行李",是肩头的"重力感"把朋友和伙伴召唤到彼此面前。"我们"在一起,目的地是次要的,重要的是彼此相伴、搀扶、敦促,并为"重力感"造型。

阿伦特赞同梅洛-庞蒂的身体哲学。在《精神生活·思维》中,阿伦特将身体视为显现的基座,共通感、主体间性正扎根于身体感官之中,因此,"一个人应该相信自己的感觉"。法国女性主义哲学家露西·伊利格瑞也在梅洛-庞蒂的延长线上谈论身体、感官,但她的身体是有性别的身体,她强调本体论的性差异是主体间关系的不可还原的差异。在性差异这一点上,阿伦特提到过"政治的复数性起源在于上帝创造了男人和女人"(《人的境况》),不过她后来选择将性差异处理成小差异,正如她并没有在身体这一点上停留太久。阿伦特这样处理,是因为她强调的是更"大"的共通感吗?您怎么看阿伦特和伊利格瑞二人不同的侧重点?

**张念**:阿伦特思想的后世影响,一定程度上受益于90年代女性主义对阿伦特所说的"私人的问题成了政治问题"的议题深化。对于从小生活在德国并完全接受现代价值的犹太人来说,阿伦特从来没有想到生理差异会成为一个政治问题。

因为女性主义的"私人性"就是阿伦特所关心的"世界性",其共同的根源是存在主义的处境问题。处境意识和知觉经验密切相关。梅洛-庞蒂认为:我是我的身体,身体是感知中心,因此在感知范围之内,"世界"是一种裹拥着我们的氛围,所以对周遭和近旁的敏感和专注,是为了弥补、修正乃至干扰纯粹概念,并构成世界之世界性,避免远程—抽象的暴政。就这一点而言,她和女性主义的分歧并不大。她的伙伴—世界维度和女性主义所坚持的基于差异性的欲望伦理就很接近了。在她身处的时代,女权运动的急迫议题是"妇女参政",她赞赏罗莎·卢森堡所说的"小差异万岁",具体是指在这项声势浩大的运动里,"小差异"也即个体间以及女人和女人之间的差异需要得到重视,她担心任何政治运动有可能基于狂热如纳粹运动一样,彻底绞杀了个人性。

只有本体性差异的散播,才有不同,因为不同才有多样性,这里的"复数"既是指同为人的同质性的可计量的多,也是指基于"复数性"而产生的不同的坚持,并在任何运动中都对"同化"保持警惕。是的,已然性化的身体不仅仅是阿伦特所说的单纯的事实,如果她赞同梅洛-庞蒂,身体就具备政治生活中述行的扩展性。随着女权运动的深化,女性主义对身份的封闭性也提出了质疑。在这个前提下,女性主义理论坚持"女人生成"说,身份是述行的、多产的,和阿伦特坚持的政治生活托举出新生命没有太大的分歧。

伊利格瑞同样坚持差异原则,把知觉现象学的视、听、触等议题推进并置入伦理生活中。激情的显现必须经由行动,思想的显现必须经由言说,伊利格瑞的工作扩展了男主体和女主体之间的剧场空间。阿伦特强调"邻人实存"的优先性,让"爱这个世界"成为可能;而伊利格瑞强调爱欲—伦理的可触性,进一步显现为在"我—你"之间无限趋近自身性的运动,让激进的伦理实践成为可能。她们处在同样的问题方向上,不仅思维着(thinking),还碰触着(touching),让爱的意象(represent)及其伦理行动更明朗。也只有在友爱和情爱生活里,可触性比距离之外的观察理性,比距离之外和世界之外的知识论更为紧迫,那个和认知对象漠不相关的"主体"被遣送回世界之中。

在您的书中,我注意到您用了"政治—世界"这个写法。在"爱"的问题上,阿伦特所说的"我'仅仅'爱我的朋友"与"爱这个世界""爱你的邻人"之间是关系?这是同一种"爱"吗?如果不"爱"会怎样?阿伦特极力呼吁的"爱",与她留给我们的另一珍宝"积极生活"之间有什么关系?

**张念**:"爱这个世界"是相对于基督教文化中对俗世的贬低和漠然而言的,"爱朋友"就是爱具体的世界,近旁的爱,邻人的爱。这里没有非此即彼的意思,和一般理解的私交、私情不同。在她的博士论文《爱与圣·奥古斯丁》里就在思考爱的秩序和位置,包括我之上神爱、我之下情爱、我之近旁邻人爱。围绕自我—灵魂的切身性,而不是自然血亲,爱的秩序见证了精神共通体和他人的自明性,但她坚持爱邻如己的存在主义立场,或者说邻人爱的此在优先性,认为爱是社会性的纽带。如果无神爱俗世就是荒漠,阿伦特反而坚持无伙伴—世界—政治的生活才是荒漠。她试图以邻人之爱的坚定相伴来克服两种逃避:躲进内心的孤寂和躲进形而上的孤绝。同时质疑海德格尔生存论结构中的常人和路人,他们根植于千人一面的日常性。人总是活在人群中而不是孤岛上,她强调这种实存性应该先于反思。这样一来,爱世界尽管是有限生命历史性的尘世逗留,尽管积极生活里稍纵即逝的言说—行动有着不可掌控的后果,但总会开启新的世界剧场空间,并在世代(generation)的记忆和故事里有了安放之所,而任何世代总是发生着(generate)他们的言说—行动。

2021 年 10 月于上海

# 后记

  2020年春季学期,第一次必须线上教学。在一个清冷的早晨,打开电脑,窗外的世界静悄悄的,这静默如黏滞的泥团,惊恐和茫然揉捏着他们,重力的确定性消隐了。但我不能确定求知的意志是否可以继续形塑我们的生活。人们的交易活动撤退到最低限度的食材汲取,线上采购的大包小包的食材和食物,无辜且无序地堆放在小区门口,等待着属于他们的胃口。而空荡荡的街道,成了"当代骑士"们的领地,所有的钢筋水泥所围拢的物理空间,那些房子,丧失了货币计量的等级制,平等地化约为等待喂养的"城堡"。

  物质和物品在这个时候比人更骄傲的地方在于,他们怎么也不用担忧或惧怕,并反照出人群的悖论——阿伦特说的沙粒麇集对立于人们聚集的力量。居家隔离的"家"既是避难所又是公共性的废墟……哦,上课了。

  那些熟悉的年轻鲜活的面庞成了一个个扁平的图标,在宇宙蓝的界面背景下,如浩渺的星球;而我,则如悲剧舞台的独白演员,自言自语。如今,"亲近"和"靠近"成了最危险的举动,病毒以禁忌的形式提醒我们肉身的离散、注视的冷却以及显现的匮缺,尤其提醒现代人,"主体"一直处于逃亡状态。

世界性的瓦解第一次是以战争的形式,第二次是以病毒的形式,让当代人体会到阿伦特所说的"荒漠感"。而如何与自身相处,则成了忙这忙那的"常人"不得不面对的存在主义难题……

专家说,病毒会长期伴随着人类,这个诡异的生物体在顽强地争取它们的居住权。而人呢?新闻里说,全球最受瞩目的法兰克福书展开幕了,线下,线下,线下,多么美好的字眼。主办人拿起麦克风喊:我们必须面对面,我了解大数据,出版业在艰难时期反而成绩斐然。那些漫漫长夜,也可以从人类学的尺度来看,触摸书页的手让我们免于恐惧。

免于恐惧的勇气就"在过去与未来之间",只有靠判断和决断,这也是阿伦特给自己最珍爱的文集取下的书名。书名来源于她的好朋友瓦尔特·本雅明在《历史哲学论纲》中所描画的时间形象,并与本雅明收藏的一幅画《新天使》(见本书封面)相契合。这首题图诗歌与这篇文章一并收入阿伦特主编的本雅明文集《启迪》:

我的双翅已振作欲飞

我的心却徘徊不前

如果我不再决断

我的好运将一去不回

——盖哈尔德·舒勒姆

但愿这本小书成为您的伙伴，拿出邻近之爱的勇气，面对面，成为一种肯定的多维的流动线，而不是隔离一栅栏，这包括身体—行动—记忆。

感谢本书策划陈卓先生对书稿的持续关注与支持，他亦是众多当代知识人中"世界剧场的执着肯定者"，在另一种艰难时刻，让一本书、一个生命来到读者中间。

2021年10月
于骤然降温、省略秋天的上海

图书在版编目(CIP)数据

阿伦特：政治的本原 / 张念著. 一 南京：南京大学出版社，2022.3(2022.8重印)
 ISBN 978-7-305-25021-7

Ⅰ.①阿… Ⅱ.①张… Ⅲ.①阿伦特(Arendt, Hannah 1906—1975)-政治哲学-研究 Ⅳ.①B712.59

中国版本图书馆 CIP 数据核字(2021)第 200606 号

| | |
|---|---|
| 出版发行 | 南京大学出版社 |
| 社 址 | 南京市汉口路22号 邮 编 210093 |
| 出 版 人 | 金鑫荣 |
| 书 名 | 阿伦特:政治的本原 |
| 著 者 | 张 念 |
| 责任编辑 | 陈 卓 |
| 书籍设计 | 周伟伟 |
| 印 刷 | 南京爱德印刷有限公司 |
| 开 本 | 880 mm×1230 mm 1/32 印张 8 字数 198 千 |
| 版 次 | 2022 年 3 月第 1 版 2022 年 8 月第 2 次印刷 |
| ISBN | 978-7-305-25021-7 |
| 定 价 | 68.00 元 |
| 电子邮箱 | Press@NjupCo.com |
| 网 址 | http://www.njupco.com |
| 官方微博 | http://weibo.com/njupco |
| 官方微信 | njupress |
| 销售热线 | 025-83594756 |

版权所有，侵权必究
凡购买南大版图书，如有印装质量问题，请与所购图书销售部门联系调换